사회평론

글 사회평론 과학교육연구소
대학에서 오랫동안 과학을 연구한 전문가들이 모여, 우리 아이들이 쉽고 재미있게 공부할 수 있는 책을 만들고 있습니다.

글 이현진 (사회평론 과학교육연구소 연구원)
상명대학교에서 생물학과를 졸업하고 열린사이버대학교에서 심리학을 공부했습니다. 서울의대유전체의학연구소에서 연구원으로 있었으며, 와이즈만영재교육연구소와 아이스크림미디어에서 다수의 과학콘텐츠를 개발했습니다.

글 김형진 (사회평론 과학교육연구소 연구원)
연세대학교 천문대기과학과를 졸업하고 같은 대학교 대학원에서 석사, 박사 학위를 받았습니다. 과학자를 꿈꾸는 아이들에게 올바른 과학 개념과 과학적 태도를 함께 키울 수 있는 방법을 전달하기 위해 노력하고 있습니다. 현재 사회평론 과학교육연구소 연구원으로 과학책을 만들고 있습니다.

글 이명화 (사회평론 과학교육연구소 연구원)
서울대학교 물리교육과를 졸업하고 같은 대학교 대학원에서 석사, 박사 학위를 받았습니다. 10여 년간 중학교에서 과학을 가르쳤으며, 미국 아리조나 주립대에서 물리학으로 박사 학위를 받고 독일, 미국, 영국에서 연구원으로 근무하였습니다. 쉽고 재미있는 과학책을 쓰는 일에 관심을 갖고 있으며, 현재 사회평론 과학교육연구소 연구원으로 과학책을 만들고 있습니다.

글 설정민 (사회평론 과학교육연구소 연구원)
서울대학교 생물학과를 졸업하고 같은 대학교 대학원에서 석사 학위를 받은 뒤 박사 과정을 수료하였습니다. 아이에게 과학을 쉽고 재미있게 얘기해 주려 노력하다 보니 어린이를 위한 책을 만드는 일에도 관심을 가지게 되었습니다. 현재 사회평론 과학교육연구소 연구원으로 과학책을 만들고 있습니다.

그림 조현상 (매드푸딩스튜디오)
미국 필라델피아에서 U-Arts를 졸업했습니다. 한국과 미국에서 동화, 일러스트레이션, 만화 등 다양한 작업을 하고 있습니다.
mad-pudding.com | instagram.com/madpuddingstudio

그림 뭉선생
2004년 LG 동아 국제만화 공모전에 입상하며 작품 활동을 시작했습니다. 그린 책으로 《조지의 우주를 여는 비밀 열쇠》 시리즈, 《용선생 만화 한국사》 시리즈, 《용선생 처음 한국사》 시리즈, 《용선생 처음 세계사》 시리즈 등이 있습니다.

그림 윤효식
2002년 《소년 챔프》에 〈신검〉으로 데뷔하여 어린이에게 유익한 학습 만화를 그리고 있습니다. 그린 책으로 《마법천자문 사회원정대》 시리즈, 《용선생 만화 한국사》 시리즈, 《용선생 처음 한국사》 시리즈, 《용선생 처음 세계사》 시리즈 등이 있습니다.

감수 박재근
서울대학교 생물교육과를 졸업하고 같은 대학교 대학원에서 과학교육 전공으로 석사, 박사 학위를 받았습니다. 생물교육과 환경교육을 주로 연구하고 있으며, 중학교, 고등학교 교사를 거쳐 현재 경인교육대학교 과학교육과 교수로 재직 중입니다. 2015 개정 교육과정의 중학교 과학교과서, 초등학교 과학교과서를 함께 저술하였습니다.

캐릭터 이우일
홍익대학교에서 시각디자인을 공부한 만화가입니다. 그림책 작가인 아내 선현경, 딸 은서, 고양이 카프카와 함께 그림을 그리고 글을 쓰며 살고 있습니다. 지은 책으로 《우일우화》, 《옥수수빵파랑》, 《좋은 여행》, 《고양이 카프카의 고백》 등이 있고, 그린 책으로 《노빈손》 시리즈, 《용선생의 시끌벅적 한국사》 시리즈, 《교양으로 읽는 용선생 세계사》 시리즈 등이 있습니다.

용선생의 과학교실

시끌벅적

생태계

글 **사회평론 과학교육연구소** | 그림 **조현상·뭉선생·윤효식** | 감수 **박재근** | 캐릭터 **이우일**

지리산을 살리러 돌아온 동물은?

사회평론

프롤로그

여러분, 안녕? 과학반을 맡은 용선생이야. 내 명성은 익히 들어 봤겠지? 역사반과 세계사반을 모두 훌륭하게 성공시키며 방과 후 교실 최고의 인기 교사가 된 그 용선생이란다. 교장 선생님께서 특별히 부탁하셔서 이번에는 과학반을 맡게 되었어. 어찌나 사정을 하시던지 도무지 거절할 수가 없었지 뭐야. 그래서 이 몸이 깜짝 놀랄 수업을 준비했단다.

우리의 수업은 언제나 질문과 함께 출발해. 세상을 둘러보다가 누군가 "저건 왜 그래요?" 하고 질문하면 바로 그 순간 수업이 시작되는 거지. 이제부터 용선생의 시끌벅적 과학교실을 제대로 즐기는 방법을 하나씩 알려 줄게.

첫째, 과학반 친구들과 함께 호기심을 갖고 질문해 봐. 과학을 어렵게만 생각하지 말고, 매 교시마다 아이들이 어떤 호기심을 가지는지 관심을 가져 봐. 과학반 친구들과 함께 '왜 그럴까?', '어떻게 알아낼 수 있을까?' 고민하다 보면 어렵던 과학도 쉽게 느껴질 거야.

둘째, 어려운 내용은 사진과 그림으로 이해해 봐. 어려운 과학 개념과 원리를 한 장의 사진이나 그림을 통해 단숨에 이해할 수도 있어. 그래서 너희를 위해 사진과 그림을 많이 준비했단다. 글을 읽다가 어렵다 싶으면 옆에 있는 사진과 그림을 봐. 잘 이해되지 않던 내용이 틀림없이 술술 이해될 거야.

셋째, 배운 내용을 되새기며 머릿속에 정리해 봐. 왁자지껄한 수업을 마치고 나면 뭘 배웠는지 정리가 안 될 때도 있을 거야. 그럴 때를 대비해 중간중간 핵심 정리를 준비했어. 또 배운 내용을 4컷 만화로 재미있게 요약해 두었지. 게다가 교시가 끝날 때마다 나선애의 정리노트도 마련했단다. 이 정도면 학습 정리는 문제없겠지?

과학은 분야도 다양하고 배울 내용도 아주 많아. 쉽게 이해할 수 있는 부분도 있지만, 여러 번 곰곰이 생각해 봐야 알 수 있는 부분도 있지. 이 책을 여러 번 다시 읽다 보면 구석구석 빠짐없이 모두 이해될 거야.

자, 이제 용선생의 시끌벅적 과학교실을 제대로 즐길 준비가 됐겠지? 그럼 신나는 수업을 시작해 볼까?

차례 | 생태계

1교시 | 생산자

식물은 어떻게 자랄까?

식물이 사는 데 필요한 것은? … 13
물속 세계는 내게 맡겨! … 16
모두 다 내 덕분이라고! … 18

나선애의 정리 노트 … 22
과학퀴즈 달인을 찾아라! … 23
용선생의 과학 카페 … 24
 - 광합성을 하는 동물이 있다고?

교과연계
초 5-2 생물과 환경 | 초 6-1 식물의 구조와 기능 |
중 2 식물과 에너지

3교시 | 분해자

왜 죽은 생물은 썩을까?

생물이 썩는 까닭은? … 48
분해자 없이는 못 살아! … 51
만약 분해자가 없다면? … 54

나선애의 정리 노트 … 58
과학퀴즈 달인을 찾아라! … 59

교과연계
초 5-1 다양한 생물과 우리 생활 | 초 5-2 생물과 환경

2교시 | 소비자

동물은 왜 다른 생물을 잡아먹을까?

동물은 어떻게 영양분을 얻을까? … 28
먹이 관계가 피해를 줄 수 있다고? … 31
생물의 먹이 관계는 복잡해! … 36

나선애의 정리 노트 … 42
과학퀴즈 달인을 찾아라! … 43
용선생의 과학 카페 … 44
 - 소비자는 생산자에게 해만 끼칠까?

교과연계
초 5-2 생물과 환경 | 중 2 동물과 에너지

4교시 | 생태계
우리 주변의 생태계는?

어항 속에는 누가 살까? ··· 63
새우는 어떻게 숨을 쉴까? ··· 67
돌고 돌아! ··· 69

나선애의 정리 노트 ··· 72
과학퀴즈 달인을 찾아라! ··· 73

교과연계
초 5-2 생물과 환경 | 중 1 생물의 다양성

6교시 | 외래종
황소개구리는 골칫거리일까?

생태계의 골칫덩이들 ··· 95
외래종의 또 다른 영향 ··· 98
그렇다면 황소개구리는? ··· 101

나선애의 정리 노트 ··· 106
과학퀴즈 달인을 찾아라! ··· 107
용선생의 과학 카페 ··· 108
- 우리나라 토종 생물이 외국에 가면?

교과연계
초 5-2 생물과 환경 | 중 1 생물의 다양성

5교시 | 생태계 핵심종
지리산에 꼭 있어야 하는 동물은?

지리산에 무슨 일이 생겼을까? ··· 76
지리산에 곰이 살게 된다면? ··· 80
과연 곰이 지리산을 변화시킬까? ··· 83

나선애의 정리 노트 ··· 88
과학퀴즈 달인을 찾아라! ··· 89
용선생의 과학 카페 ··· 90
- 동물의 수는 어떻게 조절될까?

교과연계
초 5-2 생물과 환경 | 중 1 생물의 다양성

가로세로 퀴즈 ··· 110
교과서 속으로 ··· 112

찾아보기 ··· 114
퀴즈 정답 ··· 115

등장인물

용쓴다 용써!
용선생

- 체력 ★★★
- 지력 ★★★★★
- 감성 ★★★
- 호기심 ★★★★★
- 유머 ★★

열정이 가득한 과학 선생님. 하늘을 향해 거침없이 솟은 머리카락과 삐죽삐죽한 수염이 매력 포인트. 생생한 과학 수업을 하기 위해 물불을 가리지 않는다.

장하다 장해!
장하다

- 체력 ★★★★★
- 지력 ★
- 감성 ★★★★
- 호기심 ★★★★★
- 유머 ★★★★★

'튼튼하게만 자라 다오.'라는 아버지의 소원대로 튼튼하게 자랐다. 성격은 일등, 성적은 비밀이다. 시험을 못 봐도 씩씩하고 엉뚱한 질문으로 수업에 활력을 준다.

오늘도 나선다!
나선애

- 체력 ★★★★
- 지력 ★★★★
- 감성 ★★★
- 호기심 ★★★★★
- 유머 ★★★

과학자를 꿈꾸는 우등생. 공부도 잘하고 아는 게 많아서 모든 일에 앞장서는 타입이다. 겉으로는 차가워 보이지만 내심 따뜻한 면도 가지고 있다. 전혀 티가 안 나서 그렇지.

잘난 척 대장
왕수재

- 체력 ★★★
- 지력 ★★★★
- 감성 ★
- 호기심 ★★★★★
- 유머 ★

세상에서 자기가 제일 잘난 줄 안다. '천재는 외로운 법이고 질투의 대상인 법'이라나. 친구들에게 깐족거리는 데에도 천재적이다. 그래도 수업에는 늘 적극적으로 참여한다.

낭만 가득
허영심

체력 ★★★★
지력 ★★★
감성 ★★★★★
호기심 ★★★★
유머 ★★

감성이 풍부해도 너무 풍부하다. 떨어지는 낙엽이나 밤하늘의 별을 보며 눈물짓고, 조그만 벌레와 대화를 나누는 사차원 성격. 하지만 누구보다 정이 많고 낭만적이다.

과학반 귀염둥이
곽두기

체력 ★★★
지력 ★★★★
감성 ★★★★
호기심 ★★★★★
유머 ★★★★

형과 누나들의 귀여움을 독차지하는 과학반 막내. 나이도 가장 어리고 타고난 동안이라 언뜻 보면 유치원생 같다. 훈장 할아버지 덕에 어려운 단어를 줄줄 꿰고 있다.

우리를 찾아봐!

식물 플랑크톤
영양분을 스스로 만드는 생산자로, 강과 바다의 생태계에서 매우 중요한 역할을 해.

갈색나무뱀
괌의 생태계를 망가뜨린 주범으로, 현재 과학자들이 이들의 수를 줄이기 위해 노력 중이야.

곰팡이
죽은 생물과 배설물 등을 먹고 사는 생물이야.

생태 어항
입구가 모두 막힌 어항이지만, 생태계에 꼭 필요한 요소를 모두 갖춘 생태계야.

반달가슴곰
지리산의 핵심종으로, 주변 생물의 종류와 수를 조절해.

황소개구리
외래종으로, 한때 우리나라 생태계를 어지럽혔으나 현재는 잘 적응해 지내고 있어.

1교시 | 생산자

식물은 어떻게 자랄까?

식물은 물만 먹고 살까?

식물에겐 빛도 꼭 있어야 해.

곽두기가 과학실 화분에 물을 주는 허영심을 보고 물었다.

"누나! 식물은 어떻게 물만 먹고 살 수 있어? 사람은 물만 먹고 살 순 없잖아."

"글쎄. 물 말고 다른 것도 먹는 게 아닐까? 식물은 물 말고 빛도 먹는다고 텔레비전에서 본 것 같아!"

"정말?"

그때 용선생이 교실로 들어왔다.

"선생님! 식물은 물만 먹고 살잖아요. 그런데 영심이 누나가 식물은 빛도 먹고 산대요. 정말 그래요?"

"하하, 두기와 영심이의 말이 모두 맞다면 식물은 물과 빛을 먹고 사는 거네."

"그렇죠."

"그럼 누구 말이 맞는지 함께 알아볼까?"

식물이 사는 데 필요한 것은?

"식물이 물과 빛을 먹는다고 표현하는 건 과학적으로는 잘못된 거란다."

"잘못된 거라고요? 그러면 어떻게 표현해야 하는데요?"

"식물의 경우에는 무언가를 먹는다는 말 대신 흡수한다고 해."

"그럼 앞으로는 먹는다는 말 대신, 물과 빛을 흡수한다고 해야겠네요."

"그렇지. 물과 빛 말고도 식물이 흡수하는 게 하나 더 있어. 바로 이산화 탄소야."

"어? 식물이 이산화 탄소를 흡수한다고요?"

"그래. 이산화 탄소는 우리가 숨 쉴 때 내뱉는 기체야."

"그런데 식물은 왜 빛이랑 물이랑 이산화 탄소를 흡수하는 거예요?"

"자신에게 필요한 영양분을 만들기 위해서야. 식물은 빛과 물, 이산화 탄소를 흡수해 엽록체에서 영양분을 만들어 내거든. 이러한 작용을 광합성이라고 하지."

"광합성! 들어 봤어요. 그런데 영양분? 그건 뭐예요?"

"생물이 자라고, 자손을 만들고, 생명을 유지하는 데 필

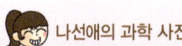

나선애의 과학 사전

엽록체 식물의 세포 안에서 광합성을 하는 곳이야. 주로 식물의 잎과 줄기에 있어.

광합성 빛 광(光) 합할 합(合) 이루어질 성(成). 빛을 이용해 영양분을 만들어 낸다는 뜻이야.

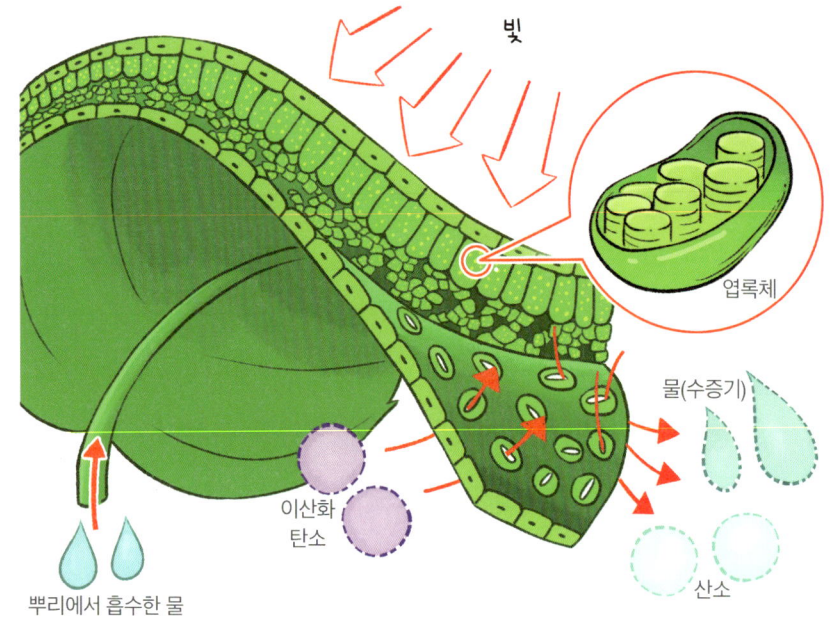

▶ **식물의 광합성** 광합성은 잎과 줄기의 엽록체에서 일어나. 엽록체에 녹색을 띠는 엽록소가 있기 때문에 식물은 녹색을 띠지.

이산화 탄소 + 물 —빛→ 영양분 + 물 + 산소

요한 물질이야. 모든 생물에게는 영양분이 필요하지."

"아, 영양분이 밥이나 간식 같은 거예요?"

"맞아! 우리가 먹는 음식에 다양한 종류의 영양분이 들어 있어. 사람을 포함해 동물은 다른 생물을 먹어서 영양분을 얻지. 하지만 식물은 영양분을 직접 만든단다."

"오, 대단하네요."

"식물이 광합성으로 영양분을 만들면 추가적으로 산소와 물도 생겨. 식물은 이 산소와 물을 몸 밖으로 내보내지. 그래서 식물이 있는 곳은 산소가 풍부하고 습도도 적당한

상태로 유지된단다."

"습도요? 어디서 많이 들어 본 것 같은데……."

"공기 중에 수증기가 포함된 정도를 습도라 해. 습도가 적당하면 생물들이 살기에 좋은 환경이 되지."

"오, 식물이 광합성을 하는 덕에 산소도 생기고, 습도도 적당해지는군요. 식물은 지구상에 꼭 필요한 존재네요."

"그렇지. 식물처럼 영양분을 스스로 만드는 생물을 '생산자'라고 해."

"생산자요? 그 말도 어디서 많이 들어 본 것 같아요."

"생산은 무언가를 만들어 낸다는 뜻이야. 공장에서 필요한 물건을 생산하는 것처럼 말이지. 이렇게 생산을 하는 존재를 '생산자'라고 하는데, 자연에서는 영양분을 스스로 만드는 존재가 식물이니까 식물을 생산자라 하는 거야."

"오호, 식물은 생산자!"

"그럼 식물만 영양분을 스스로 만들 수 있나요? 다른 생산자는 없어요?"

핵심정리

식물은 광합성으로 영양분을 만들어 살아가. 식물처럼 스스로 영양분을 만드는 생물을 생산자라 해.

 물속 세계는 내게 맡겨!

"또 있지! 육지를 대표하는 생산자가 식물이라면, 강, 바다 같은 물에서는 식물 플랑크톤이 대표적인 생산자야. 식물 플랑크톤은 다른 곳으로 이동할 수 있는 능력이 없어 물에 둥둥 떠서 사는 아주 작은 생물들이지."

용선생이 말을 마치고 화면에 사진을 띄우자 아이들이 물었다.

"잉? 이게 식물 플랑크톤이에요?"

"이래 봬도 식물처럼 광합성으로 영양분을 스스로 만들 수 있는 생산자야. 그래서 이름에 '식물' 자를 붙여 식물 플랑크톤이라 하지."

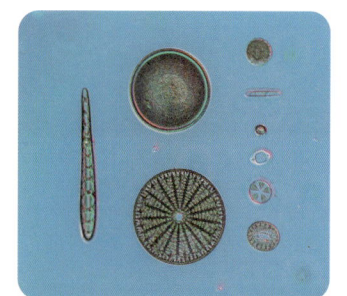
▲ 식물 플랑크톤

"아, 그렇군요."

"식물 플랑크톤은 현미경으로 봐야 간신히 보일 정도로 크기가 작지만, 다른 생물들에게 꼭 필요한 존재란다."

"왜 필요한데요?"

"식물 플랑크톤은 수많은 물속 생물들의 먹이가 되어 그들의 영양분이 되어 주거든."

"정말요? 어떤 생물이요?"

▲ 동물 플랑크톤

"플랑크톤에는 식물 플랑크톤을 잡아먹는 동물 플랑크

톤이라는 생물이 있어. 그리고 물고기들도 식물 플랑크톤을 잡아먹지. 만약 식물 플랑크톤의 수가 줄어들면 동물 플랑크톤과 물고기의 수도 같이 줄어들 수 있어."

"와, 다른 생물들이 살아남으려면 식물 플랑크톤의 수가 줄어들면 안 되겠네요."

"맞아. 다행히도 식물 플랑크톤의 수는 셀 수 없을 정도로 많아. 식물 플랑크톤이 광합성을 하는 과정에서 만드는 산소의 양이 지구 전체 산소량의 절반이 넘을 정도거든."

"알고 보니 식물보다 식물 플랑크톤의 공이 더 컸네요."

"그렇다면 식물 플랑크톤 덕분에 우리가 숨을 쉬고, 물속 생물도 살 수 있는 거네요! 놀라워요!"

"아직 놀라기엔 일러. 빛이 없어도 영양분을 만들 수 있는 생산자도 있거든."

"빛이 없는데 영양분을 만든다고요?"

"정말 그런 생물이 있어요?"

아이들이 고개를 갸웃하며 물었다.

핵심정리

강, 바다 같은 물속 세계를 대표하는 생산자는 식물 플랑크톤이야. 식물 플랑크톤은 수많은 물속 생물의 먹이가 될 뿐만 아니라 광합성으로 만드는 산소가 지구 전체 산소량의 절반을 넘을 정도로 많아.

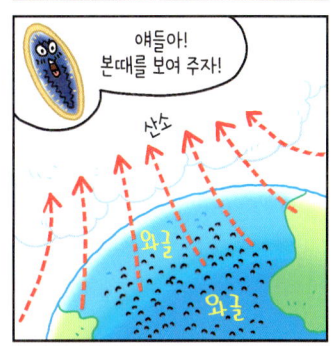

 모두 다 내 덕분이라고!

"지금부터 설명해 줄게. 이들은 깊이가 2,000 m 이상 되는 깊은 바다에서 살아. 이런 곳을 심해라 하지. 심해는 빛이 들어오지 않고, 물의 온도도 매우 낮아. 또 물이 위에서 누르는 힘이 매우 커서 사람은 물론이고 대부분의 생물이 살 수 없어."

"헉! 끔찍한 곳이군요."

"지금 소개할 생산자가 사는 곳은 이런 심해 중에서도 300 ℃ 이상의 매우 뜨거운 물과 황화 수소 기체가 나오는 곳이지."

> **나선애의 과학 사전**
>
> 황화 수소 달걀 썩는 냄새가 나는 기체로, 화산이 폭발할 때에도 나와. 황화 수소를 마시면 머리가 아프고 구토를 하다가 나중에는 숨을 못 쉬어 정신을 잃을 수도 있어.

▼ 매우 뜨거운 물과 황화 수소 기체가 나오는 심해

"생물이 살기에 완전 최악인데, 이런 곳에 생산자가 살고 있다고요?"

용선생은 고개를 끄덕이며 말을 이었다.

"이곳에 사는 생산자는 황산화 세균이라는 세균이야. 황산화 세균은 심해에 풍부하게 있는 황화 수소에서 얻은 에너지로 영양분을 만들며 관벌레 같은 동물의 몸속에 살고 있어."

"황산화 세균 혼자 살아도 될 텐데 왜 굳이 다른 동물의 몸속에서 살아요?"

"관벌레가 황화 수소를 비롯해 세균에게 필요한 물질을 흡수해 주거든. 세균은 이를 이용해 영양분을 만들고, 영양분의 일부를 관벌레에게 줘."

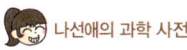 **나선애의 과학 사전**

세균 대부분 하나의 세포로 된 생물이야. 다른 생물에 붙어살며 질병을 일으키는 병원균부터 광합성을 하는 세균까지 다양한 종류가 있어.

 용선생의 과학 현미경

뜨거운 물과 황화 수소가 뿜어져 나오는 심해에 사는 관벌레의 정식 이름은 '갈라파고스민고삐수염벌레'야.

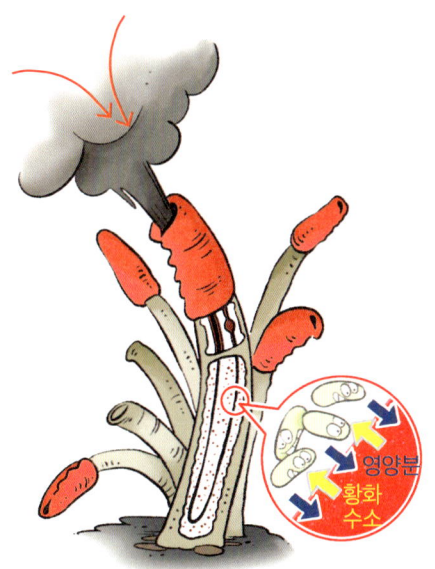

▲ 관벌레와 황산화 세균

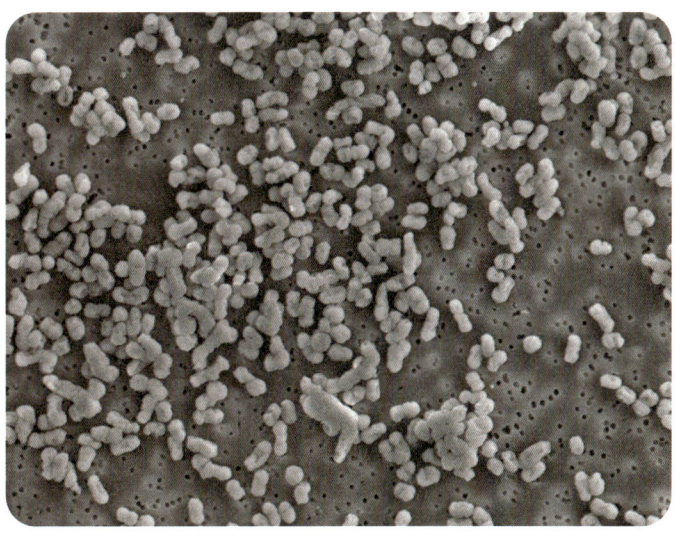

▲ 황산화 세균

"우아! 관벌레는 세균에게 영양분 재료를 주고, 세균은 관벌레에게 영양분을 주는군요."

"맞아. 황산화 세균 덕분에 다른 생물들이 심해와 같은 최악의 환경에서도 영양분을 얻으며 살 수 있지."

"그러게요. 심해에 사는 관벌레에게 황산화 세균은 없어서는 안 될 소중한 존재네요. 세균이라고 해서 나쁜 생물인 줄로만 알았는데 말이죠."

용 선생이 흐뭇한 미소를 지으며 고개를 끄덕였다.

"황산화 세균 같은 생산자는 생태계 안에서 영양분을 생산하고, 그 영양분을 다른 생물들에게 전달해 주는 아주 중요한 역할을 한단다."

"식물이나 식물 플랑크톤은 산소와 물도 만들잖아요."

"그렇지! 황산화 세균을 비롯해 대부분의 생산자가 영양분 외에 산소와 물도 만들어 다른 생물에게 도움을 줘."

"이야, 곳곳에서 생산자들이 이렇게 중요한 역할을 하고 있었는지 몰랐어요."

나선애가 식물을 바라보며 말했다. 그러자 장하다가 벌떡 일어나 물통을 향해 달려갔다.

"앞으로 과학실에 있는 식물들에게 제가 물을 줄게요!"

"물은 아까 내가 다 줬거든?"

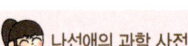

나선애의 과학 사전

생태계 생물이 주변 생물을 비롯해 환경과 영향을 주고받으며 살아가는 세계를 말해.

허영심이 핀잔을 주자, 이번에는 장하다가 화분 쪽으로 달려갔다.

"그럼 햇빛이 잘 드는 운동장으로 화분을 옮겨야겠다. 누구 도와줄 사람?"

"어이구, 지금까지는 관심도 없었으면서!"

"하하! 장하다가 앞으로는 식물들을 잘 보살펴 주었으면 좋겠구나. 그럼 오늘 수업은 여기까지!"

 핵심정리

심해에는 황산화 세균이라는 생산자가 살아. 황산화 세균은 빛이 없어도 황화 수소로 영양분을 만들어 다른 생물에게도 줘.

나선애의 정리노트

1. 생산자
① 살아가는 데 필요한 ⓐ [   ] 을 스스로 만드는 생물
② 종류

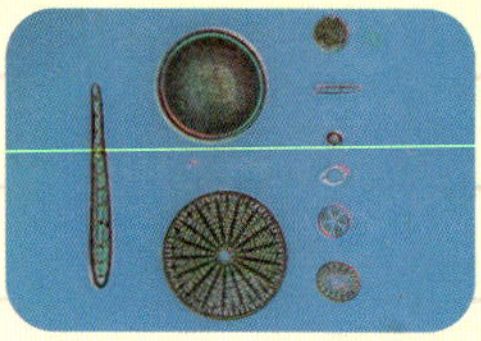

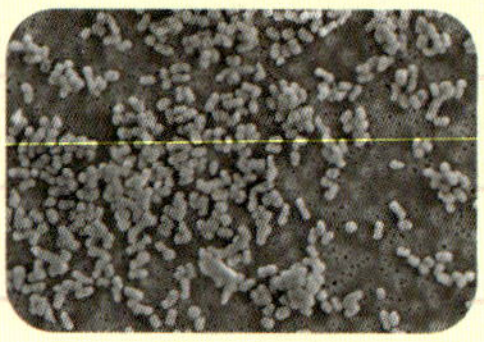

ⓑ [   ]   ⓒ [   ]   황산화 세균

③ 역할
- 영양분을 스스로 만들지 못하는 생물들에게 영양분을 줌.
- 생산자가 광합성하는 과정에서 추가적으로 만들어지는 ⓓ [   ] 는 다른 생물의 호흡에 도움을 줌.

2. 생산자가 영양분을 만드는 방법
① 식물과 식물 플랑크톤: 빛을 이용해 영양분을 만듦.
② 황산화 세균: 황화 수소를 이용해 영양분을 만듦.

ⓐ 영양분 ⓑ 식물 ⓒ 식물 플랑크톤 ⓓ 산소

 # 과학퀴즈 달인을 찾아라!

●정답은 115쪽에

01

친구들이 이번 시간에 배운 내용에 대해 이야기하고 있어. 옳으면 O, 옳지 않으면 X를 표시해 줘.

① 생산자에는 식물만 있어. (　　)
② 황화 수소로 영양분을 만드는 생산자도 있어. (　　)
③ 식물은 빛, 이산화 탄소, 물을 이용해 스스로 영양분을 만드는데, 이런 생물을 생산자라 해. (　　)

02

곽두기가 황산화 세균을 찾고 있어. 황산화 세균에 대한 설명을 찾아가면 황산화 세균을 찾을 수 있대. 친구들아, 도와줘!

| 용선생의 과학 카페 | 용선생의 한국사 카페 | 용선생의 세계사 카페 |

https://cafe.naver.com/yongyong

용선생의 과학 카페

과학계의 핵인싸.
용선생의 과학 카페에
오신 걸 환영합니다.

Log in

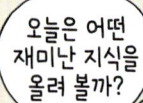

MENU
- 물리면 아프다
- 화학이 화하하
- 생물 오징어
- 지구는 둥글다

광합성을 하는 동물이 있다고?

▲ 엘리지아

식물처럼 광합성을 하는 동물이 있다면 믿어지니? 이 동물은 바닷속에서 사는 달팽이 중 하나로 '엘리지아'라고 해.

특이하게도 엘리지아는 먹이를 먹으면 광합성을 할 수 있는 능력이 생겨. 한 번 먹이를 먹으면 최대 10개월까지 광합성으로 영양분을 만들어 살 수 있지.

엘리지아가 어떻게 광합성을 하냐고? 엘리지아는 '녹조류'라고 부르는 생산자를 먹어. 녹조류는 생산자이기 때문에 몸에 엽록체가 있지. 녹조류를 먹은 엘리지아는 엽록체만 자신의 몸에 남겨 광합성을 하는 거야. 엽록체는 녹색을 띠기 때문에 흥미롭게도 엘리지아가 광합성을 시작하는 순간 몸이 녹색으로 변한단다.

그래서 녹색으로 변한 엘리지아는 녹색으로 된 물풀 근처에 있을 때 주변과 잘 구별되지 않아. 과학자들은 엘리지아가 먹

▲ 먹이를 먹기 전

이를 이용하여 몸을 녹색으로 만들면서 광합성을 하는 능력까지 가지게 되자 자신을 잡아먹는 동물을 피하기 유리해졌다고 생각하고 있어. 그렇다면 엘리지아를 생산자로 봐야 할까? 과학자들은 엘리지아를 생산자에 포함시키지 않아. 태어날 때부터 광합성을 할 수 있는 게 아니라, 먹이를 먹은 뒤에야 광합성을 할 수 있기 때문이지.

▲ 먹이를 먹은 후

- 장하다의 오답을 피하는 방법
- 나선애의 야무진 실험실
- 왕수재의 아는 척 과학교실
- 허영심의 별 헤는 밤
- 곽두기의 빅뱅 따라잡기

▲ 물풀과 구분하기 어려운 엘리지아

COMMENTS

- 엘리지아는 우리나라 제주도와 남해안에도 살고 있어.
  - 진짜요? 엘리지아 보러 제주도 가야지.
  - 수영도 못하면서.

2교시 | 소비자

동물은 왜 다른 생물을 잡아먹을까?

에구, 힘들어.
이구아나는 매일
먹이를 줘야 해.

"선생님! 왜 동물은 꼭 뭔가를 먹어야만 살 수 있나요?"

왕수재가 불만스럽게 말했다.

"갑자기 왜 그런 질문을 하는 거니?"

"지난달부터 이구아나를 키우기 시작했는데요, 매일 먹이를 챙겨 주는 게 갈수록 귀찮더라고요. 동물도 식물처럼 스스로 영양분을 만들 수 있으면 좋겠어요."

 ## 동물은 어떻게 영양분을 얻을까?

"하하, 동물은 생산자와는 달리 살아가는 데 필요한 영양분을 스스로 만들지 못해. 그래서 다른 생물을 먹어 그 생물이 가진 영양분을 얻어야만 하지."

"아, 동물들은 식물처럼 광합성을 할 수 없으니 어쩔 수 없겠네요."

"맞아. 우리가 어떤 물건을 사서 쓰는 걸 소비라고 하지? 생물을 연구하는 과학자들은 어떤 생물이 다른 생물을 잡아먹는 것을 '소비'라고 해."

"소비요? 소비는 돈을 쓰는 거 아닌가요?"

"하하, 아니야. 소비는 꼭 돈을 쓰는 것만 뜻하지는 않아. 예를 들어 우리가 치킨을 먹고, 치킨에 있던 영양분을 흡수해서 운동을 할 때 사용하는 것도 소비라고 해. 과학자들은 다른 생물을 잡아먹어 그 생물의 영양분을 소비하는 생물을 '소비자'라고 한단다."

"그러면 치킨을 먹는 사람도 소비자예요?"

"그렇지. 식물 같은 생산자를 먹는 초식 동물들도 모두 소비자야. 달팽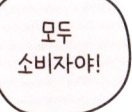

모두 소비자야!

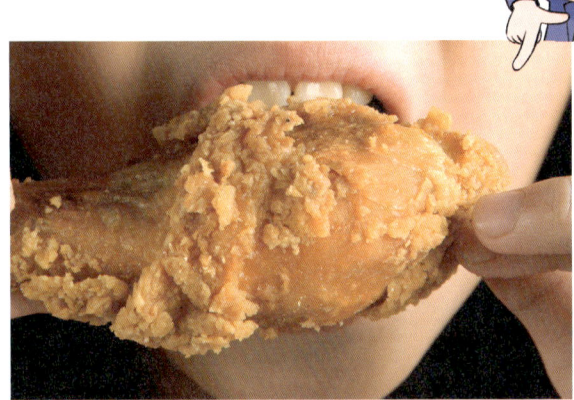

▲ 치킨을 먹는 사람   ▲ 잎을 먹는 달팽이

이, 메뚜기, 노루, 새 같은 동물들 모두 말이야."

"오호, 소비자가 정말 많네요."

"소비자와 생산자는 생태계 안에서 서로 영향을 주고받으며 살아가. 이 그림을 볼래?"

▼ 달팽이 수가 늘면 식물의 수가 줄어.

▼ 식물의 수가 늘면 달팽이 수도 늘어.

"달팽이와 먹이가 되는 식물 중 한쪽의 수가 변하면 다른 쪽의 수도 변하네요."

"맞아. 생산자와 소비자는 서로 밀접한 관계를 맺고 있지. 그래서 과학자들은 생물끼리 먹고 먹히는 관계를 관찰하고 연구해. 생물끼리 먹고 먹히는 관계를 간단히 '먹이 관계'라고 한단다. 먹이 관계는 사람에게도 영향을 미쳐."

"우리도 먹이 관계의 영향을 받는다고요? 어떻게요?"

"관광지로 유명한 괌이라는 섬에서 일어난 일을 이야기

해 줄게."

핵심정리

동물은 살아가는 데 필요한 영양분을 스스로 만들지 못해. 그래서 생산자나 다른 동물을 먹고 그 생물이 가진 영양분을 얻어 살아가. 이런 생물을 소비자라고 해.

먹이 관계가 피해를 줄 수 있다고?

"언제부턴가 이 섬에는 곤충이 갑자기 늘어나기 시작했어. 늘어난 곤충들은 숲의 나무와 풀은 물론이고, 사람들이 키우는 농작물까지 닥치는 대로 갉아 먹었지."

"네에? 피해가 엄청 컸겠어요."

"맞아. 곤충은 사람들이 사는 집 안까지 들어와 살기 시작했어."

"헉! 대체 원인이 뭐예요?"

"사실 수십 년간 그 원인

▲ 괌의 위치

을 찾지 못했는데, 한 과학자가 갈색나무뱀이란 동물을 발견하면서 실마리가 풀리기 시작했지."

"갈색나무뱀이라고요? 뱀이 왜요?"

"갈색나무뱀은 주로 나무 위에서 생활하며 새부터 새의 알과 새끼까지 잡아먹어."

"그러면 갈색나무뱀이 섬에 사는 새들을 잡아먹은 거예요?"

"응. 갈색나무뱀은 괌에 사는 새의 대부분을 잡아먹었어. 그 결과 이 섬에 사는 새 12종류 중 10종류가 이 뱀 때문에 멸종되었지."

"헉! 멸종이라면 완전히 사라졌다는 거잖아요. 그 정도로 많이 잡아먹다니, 정말 무서운 뱀이네요."

장하다가 이해가 안 되는지 고개를 갸우뚱거리며 물었다.

"그런데요, 새가 없어진 거랑 곤충이 늘어난 게 무슨 상

▲ 갈색나무뱀

마이크로네시아호반새

붉은부채휘파람새

괌뜸부기

▲ 갈색나무뱀에 의해 멸종된 새들

관이에요?"

"새는 주로 곤충을 잡아먹어. 우리나라에서 흔히 볼 수 있는 박새만 하더라도 한 마리가 1년 동안 약 10만 마리의 곤충을 먹는단다. 그런데 새가 없어지면 어떻게 되겠니?"

"와, 새 한 마리가 그렇게 많은 곤충을 먹는데, 10종류의 새가 멸종되었으니 섬에 곤충이 넘쳐났겠네요."

"이제 괌에 곤충의 수가 늘어난 까닭을 알겠지? 이처럼 생태계에 어떤 문제가 생겼을 때 과학자들은 생물들의 먹이 관계부터 조사해. 그러다 보면 문제의 원인을 찾을 수 있지."

"왠지 엄청 복잡할 것 같아요."

"맞아. 생물들의 먹이 관계를 알려면 오랜 시간에 걸쳐 끈기 있게 관찰해야 해. 다행히도 이렇게 힘들게 관찰한 결과들을 아주 간단히 표현하는 방법이 있어."

용선생은 화면에 그림을 띄우고 설명을 시작했다.

"먼저 어떤 생물끼리 먹고 먹히는 관계일 때, 잡아먹는 생물을 포식자, 잡아먹히는 생물을 피식자라 해. 과학자들은 피식자에서 포식자로 화살표를 그려 먹이 관계를 표현해. 이렇게 생물끼리 먹고 먹히는 관계를 순서대로 연결한 것을 '먹이 사슬'이라고 하지."

▲ 박새

"오, 이렇게 표시하니까 생물끼리 누가 누굴 먹는지 한 번에 알 수 있네요."

"그러면 풀이 생산자이고, 곤충, 새, 뱀은 소비자예요?"

"맞아. 그런데 소비자가 좀 많지? 그래서 소비자를 순서대로 구분해서 부르기도 해. 생산자를 먹어서 영양분을 얻는 동물은 '1차 소비자', 1차 소비자를 먹는 동물을 '2차 소비자'라고 하지. 2차 소비자를 먹는 동물은 '3차 소비자'라고 해."

"그럼 4차 소비자도 있어요?"

"그럴 수도 있고 아닐 수도 있어. 소비자 앞에 붙는 '1차', '2차', '3차'는 먹고 먹히는 순서에 따라 붙이는 숫자일 뿐이거든. 먹이 사슬을 구성하는 생물이 하나라도 늘어나면

숫자도 바뀌어."

용선생은 앞의 먹이 사슬에 거미를 넣었다.

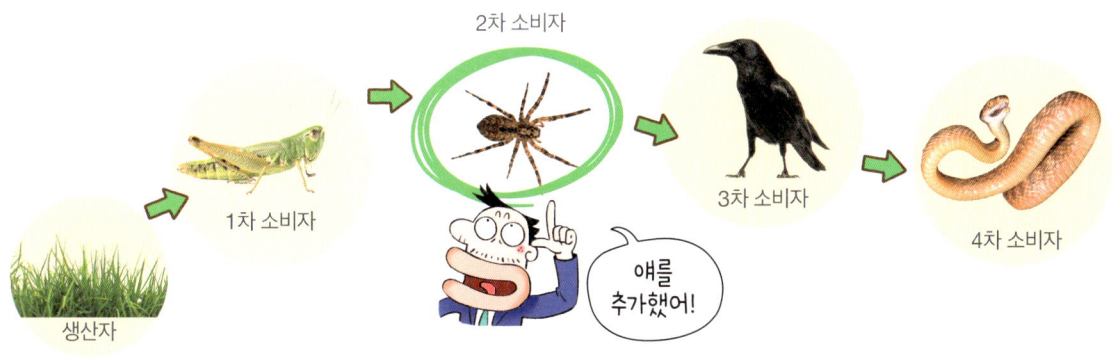

"어? 3차 소비자였던 뱀이 4차 소비자가 되었어요."

"그렇지. 소비자 앞의 숫자는 언제든 바뀔 수 있어. 이처럼 한 생태계의 먹이 관계를 먹이 사슬로 정리해두면 어떤 생물이 갑자기 늘어나거나 줄었을 때 그 원인을 찾기 쉬워. 또 앞으로 생태계에 어떤 변화가 생길지 예상할 수도 있고, 이에 맞춰 대책도 세울 수 있지."

"그런데 이상한 점이 있어요. 뱀의 먹이인 새가 줄어들었는데 뱀의 수는 왜 계속 늘어난 거죠?"

핵심정리

생물끼리 먹고 먹히는 관계를 순서대로 연결한 것을 먹이 사슬이라고 해. 먹이 사슬을 알면 어떤 생물이 늘어나거나 줄어든 원인을 알 수 있고, 앞으로 일어날 일을 예상해 대비할 수 있어.

 ## 생물의 먹이 관계는 복잡해!

"좋은 질문이야. 만약 갈색나무뱀이 새만 먹었다면 문제는 쉽게 해결되었을 거야. 새가 없어지면 갈색나무뱀도 먹을 것이 없어서 굶어 죽을 수밖에 없으니까."

"그러니까요."

"그런데 갈색나무뱀은 새 말고 다른 동물도 잡아먹어. 그래서 새가 멸종했어도 아무 문제 없이 수가 계속 늘어난 거야. 최근에 과학자들이 조사한 결과에 따르면 괌에는 갈색나무뱀이 2백만 마리가 넘게 있대."

"그렇게나 많이요? 갈색나무뱀이 새 말고 또 어떤 동물

을 먹어요?"

"갈색나무뱀은 쥐나 도마뱀, 개구리도 먹어. 이걸 먹이 사슬로 표현하면, 앞에서 보았던 먹이 사슬 외에 세 개의 먹이 사슬이 더 생기지."

"그런데요, 도마뱀이나 개구리도 거미를 잡아먹지 않나

▼ 갈색나무뱀이 새를 잡아먹는 경우의 먹이 사슬

풀 → 곤충 → 거미 → 새 → 뱀

▲ 갈색나무뱀이 쥐를 잡아먹는 경우의 먹이 사슬

풀 → 쥐 → 뱀

▲ 갈색나무뱀이 도마뱀을 잡아먹는 경우의 먹이 사슬

풀 → 곤충 → 도마뱀 → 뱀

▲ 갈색나무뱀이 개구리를 잡아먹는 경우의 먹이 사슬

풀 → 곤충 → 개구리 → 뱀

요? 먹이 사슬끼리 겹치는 부분이 많은 것 같아요."

"맞아. 실제 생태계에서는 이 네 개의 먹이 사슬에 등장하는 동물들이 모두 뒤섞여서 복잡한 먹이 관계를 이루고 있어. 마치 그물처럼 말이야. 그래서 과학자들은 여러 개의 먹이 사슬을 하나로 합쳐서 정리하는데, 이걸 '먹이 그물'이라고 한단다."

"헉! 이게 네 개의 먹이 사슬을 합친 거예요? 엄청 복잡

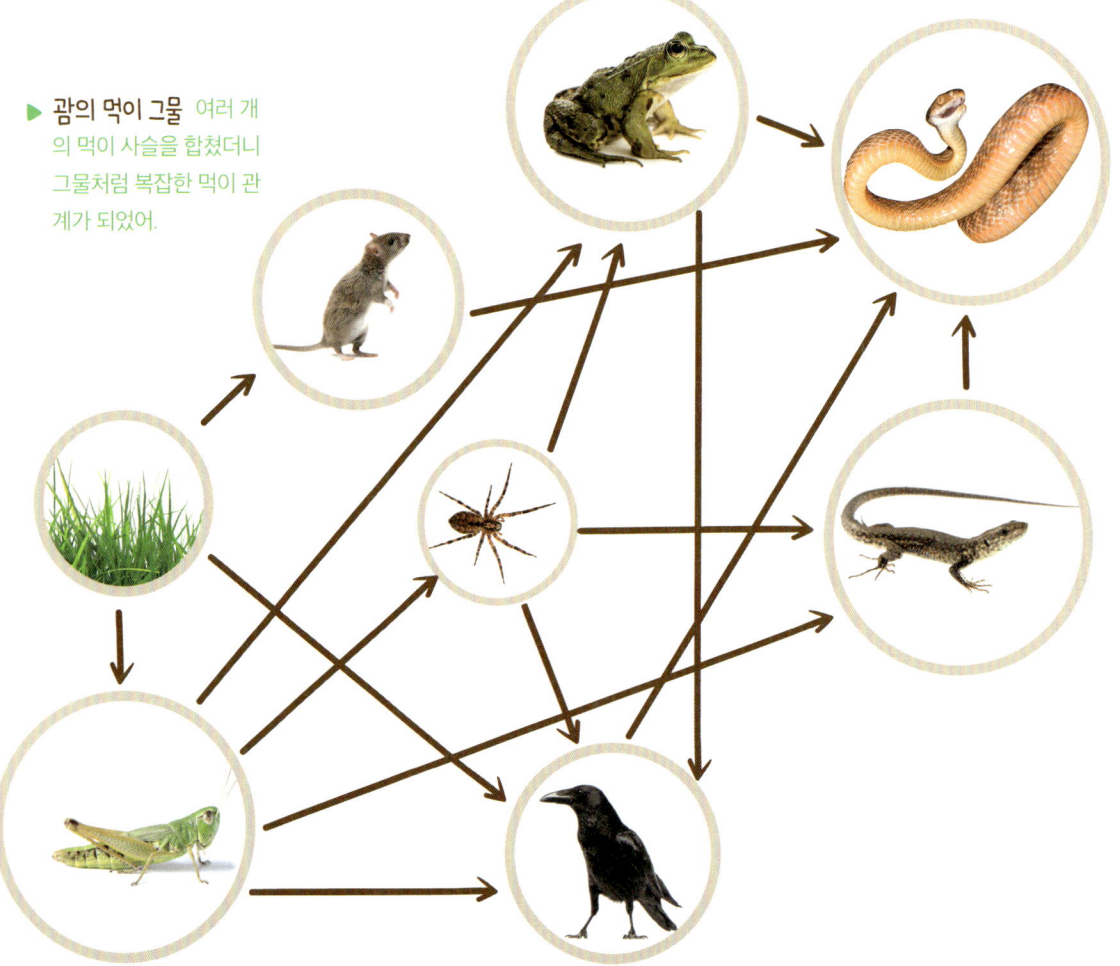

▶ **곰의 먹이 그물** 여러 개의 먹이 사슬을 합쳤더니 그물처럼 복잡한 먹이 관계가 되었어.

하네요."

"복잡해도 이렇게 놓고 보니 갈색나무뱀이 잡아먹는 동물이 네 종류나 된다는 게 한눈에 보이네요."

"이렇게 먹이가 많아서 갈색나무뱀이 계속 늘어날 수 있었나 봐요."

"그렇지. 최근에는 과학자들이 갈색나무뱀이 자주 다니는 시간과 장소, 사냥하는 방법, 좋아하는 먹이의 종류 등을 알아내서, 여러 가지 방법으로 갈색나무뱀을 없애고 있어. 그중에는 죽은 쥐의 몸속에 독을 넣는 방법도 있지."

"윽, 죽은 쥐라니! 너무 징그러워요. 왜 하필 쥐를 선택한 거예요?"

"독약을 넣을 동물은 갈색나무뱀만 먹는 동물이어야 해. 만약 다른 동물이 독약을 넣은 동물을 먹고 죽으면 안 되잖니?"

죽은 쥐라니!

"정말 그렇겠어요. 그러면 갈색나무뱀에게만 먹히는 동물은 어떻게 찾아요?"

"먹이 그물을 자세히 살펴보면, 쥐, 도마뱀, 새는 갈색나무뱀에게만 먹히는 동물이라는 사실을 알 수 있지. 하지만 도마뱀과 새는 이미 갈색나무뱀 때문에 수가 많이 줄어들었어. 그래서 과학자들이 쥐를 선택한 거야."

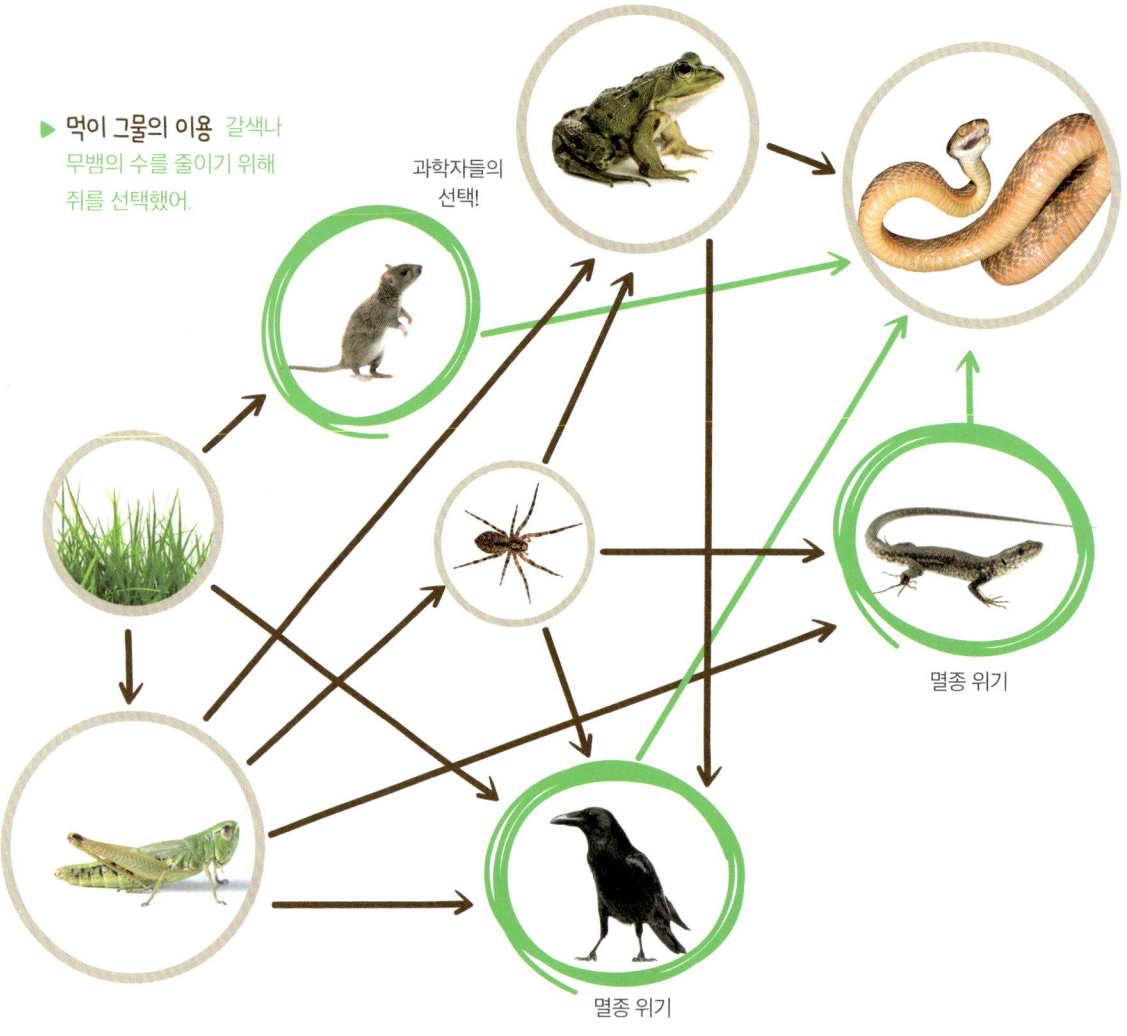

▶ **먹이 그물의 이용** 갈색나무뱀의 수를 줄이기 위해 쥐를 선택했어.

과학자들의 선택!

멸종 위기

멸종 위기

"아하! 먹이 그물을 이용해 갈색나무뱀의 수를 줄이는 방법을 찾은 거군요."

"그렇지. 이 방법이 얼마나 효과가 있는지는 아직 밝혀지지 않았지만, 언젠가는 과학자들의 노력으로 괌의 생태계도 곧 안정을 되찾을 거야."

"이야, 과학자들의 노력이 정말 대단하네요!"

그때 장하다가 손을 번쩍 들고 말했다.

"그나저나 선생님! 저희도 소비자라서 영양분이 필요한데, 혹시 간식 같은 거 없나요? 배고파요."

"그래? 마침 과자가 조금 있긴 한데……."

"앗, 저도요!"

"저도 주세요!"

아이들이 너도나도 손을 들었다. 그러자 용선생이 빙긋 웃으며 말했다.

"좋아. 이번 한 번만 줄 테니 다음부터는 스스로 영양분을 챙기도록!"

핵심정리

생태계의 먹이 관계는 먹이 사슬 여러 개가 서로 얽혀 있는 먹이 그물로 되어 있어. 먹이 그물을 이용하면 생태계에 일어난 문제와 해결 방법을 찾을 수도 있지.

나선애의 정리노트

1. 소비자
   ① 스스로 영양분을 만들지 못하여 살아가는 데 필요한 영양분을 다른 생물에게 얻는 생물
   ② 먹이를 먹고 먹히는 순서에 따라 1차 소비자, 2차 소비자, ⓐ ____ 등으로 분류

2. ⓑ ____
   ① 한 생태계 안에서 생물끼리 먹고 먹히는 먹이 관계를 순서대로 연결한 것
   ② 표시 방법

    →
   풀   곤충

   잡아먹히는 생물   ⓒ ____

3. ⓓ ____
   ① 먹이 사슬 여러 개를 합친 것
   ② 실제 생태계 내 먹이 관계를 표현할 때 사용.

ⓐ 3차 소비자 ⓑ 먹이 사슬 ⓒ 잡아먹는 생물 ⓓ 먹이 그물

과학퀴즈 달인을 찾아라!

●정답은 115쪽에

01

친구들이 이번 시간에 배운 내용에 대해 이야기하고 있어. 옳으면 O, 옳지 않으면 X를 표시해 줘.

① 다른 생물을 잡아먹어 영양분을 얻는 생물을 소비자라고 해. (   )
② 나무도 소비자야. (   )
③ 1차 소비자, 2차 소비자란 이름은 한번 정해지면 바뀌지 않아. (   )

02

아래 생물들 사이의 먹이 관계를 화살표로 연결해서 먹이 사슬을 완성해 봐. 그럼 어떤 알파벳이 나올 거야. 어떤 알파벳인지 직접 그려서 확인해 봐!

용선생의 과학 카페

과학계의 핵인싸,
용선생의 과학 카페에
오신 걸 환영합니다.

Log in

MENU

물리면 아프다
화학이 화하하
생물 오징어
지구는 둥글다

소비자는 생산자에게 해만 끼칠까?

소비자는 식물이나 다른 동물을 먹어 영양분을 얻는 생물이야. 그래서 얼핏 보면 식물의 영양분을 빼앗는 나쁜 생물로 보여. 그런데 소비자가 식물을 먹으면서 본의 아니게 식물에게 여러 가지 도움을 준다는 사실을 아니? 지금부터 몇 가지 경우를 알아보자.

첫째, 소비자는 식물의 씨가 멀리 퍼질 수 있게 도와줘. 소비자가 먹은 식물의 씨는 소화되지 않고 배설물과 함께 몸 밖으로 나오거든. 밖으로 나온 씨는 곧 새로운 곳에서 싹이 트고 자라나. 덕분에 식물은 원래 살던 곳에서 멀리 떨어진 곳에도 자손을 남길 수 있지.

둘째, 소비자가 숨을 쉴 때 내뱉는 이산화 탄소는 식물이 광합성 할 때 재료로 사용돼. 식물은 광합성으로 영양분을 만든다는 것, 기억나지? 식물이 영양분을 만드는 데 소비자도 한몫 하는 거야.

셋째, 소비자는 식물이 환경에 적응하는 데 도움을 주기도 해. 예를 들어 바다에 사는 맹그로브라는 나무는 곤충이 자신의 뿌리를 갉아 먹으면, 갉아 먹힌 부분을 회복시키면서 더 많은 뿌리를 만들어. 이렇게 뿌리가 많아지면 거친 파도가 치거나 폭풍이 불어도 안정적으로 버틸 수 있지.

- 장하다의 오답을 피하는 방법
- 나선애의 야무진 실험실
- 왕수재의 아는 척 과학교실
- 허영심의 별 헤는 밤
- 곽두기의 빅뱅 따라잡기

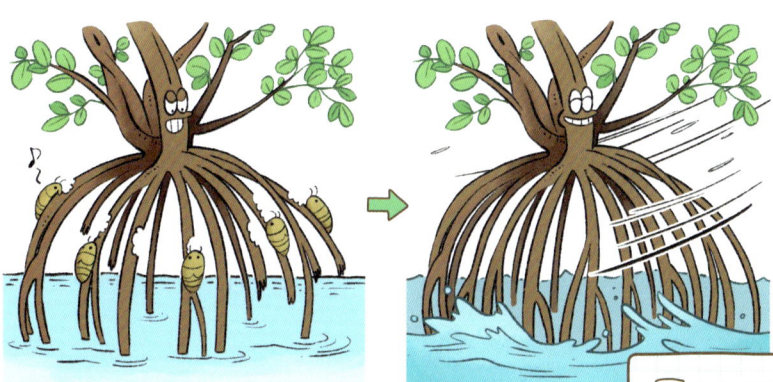

▲ 해충 피해를 더 많이 받은 맹그로브 나무가 강한 비바람이나 태풍에 더 잘 버텨!

어때? 다시 보니 소비자도 식물에게 여러 가지 도움을 주지?

COMMENTS

- 후, 하, 후, 하! 숨을 쉬어서 식물한테 이산화 탄소를 줘야겠어.
  - 으악, 입냄새!
  - 지구는 지금 이산화 탄소가 너무 많아서 문제란다.

"학교 오는 길에 죽은 매미들이 엄청 많던데. 너도 봤어?"

"응. 썩기까지 해서 징그럽더라."

"그러게 말이야. 생물은 죽으면 왜 썩어서 없어지는 걸까?"

"그래도 뼈 같은 건 남지 않아?"

그때 용선생이 과학실 문을 활짝 열며 나타났다.

"하하, 재미있는 이야기를 하고 있었구나. 사실 오랜 시간이 지나면 뼈도 썩어서 없어진단다."

 생물이 썩는 까닭은?

"단단한 뼈도요? 대체 죽은 생물은 왜 썩는 거예요?"

"그건 분해자 때문이야."

"분해자? 분해자가 뭐예요?"

"일상생활에서 전자 제품이나 장난감을 분해한다고 할 때 '분해'라는 말을 사용하지? 분해는 어떤 물질을 더 작게 나누거나 쪼개는 걸 뜻해."

"아하! 제 동생이 제 미니 자동차를 맨날 분해하는 것처럼요?"

"하하, 맞아. 분해의 뜻을 알았다면 분해자가 어떤 생물인지 어느 정도 감이 오겠지? 분해자는 주로 죽은 생물과 배설물, 생물이 버린 껍질이나 털 등을 매우 작게 분해하는 생물이야. 주로 미생물들이지. 이들을 통틀어 분해자라고 불러."

"왜 그런 쓸모없고 더러운 것을 분해해요?"

"분해자는 영양분을 얻기 위해 배설물과 죽은 생물을 분해하는 거야."

"배설물과 죽은 생물에 영양분이 있어요?"

"응. 사실 배설물은 생물이 더 이상 흡수할 수 없어 내보낸 영양분이야. 죽은 생물도 죽기만 했을 뿐, 살아있는 생물과 똑같은 영양분으로 이뤄져 있지."

"아, 그렇군요."

 용선생의 과학 현미경

'생물이 썩는다.'는 표현은 생물이 분해자에 의해 분해된다는 의미와 같아. 생물의 몸이나 배설물이 분해되면 형태가 허물어지면서 지독한 냄새가 많이 나는데 이러한 현상을 '썩는다', '부패한다'라고 표현하지.

"죽은 생물이 저절로 썩어 없어지는 줄 알았는데, 분해자가 그 역할을 하고 있는 거였군요? 그런데 왜 우리는 몰랐을까요?"

"분해자는 대부분 현미경으로 봐야 간신히 보일 정도로 아주 작거든. 대표적인 분해자는 세균과 곰팡이야."

"아! 세균과 곰팡이가 분해자였어요?"

"응, 세균과 곰팡이 중 일부는 우리 몸에 질병을 일으키기도 하니까 한 번쯤은 들어봤을 거야."

용선생이 세균과 곰팡이 사진을 보여주자 아이들이 얼

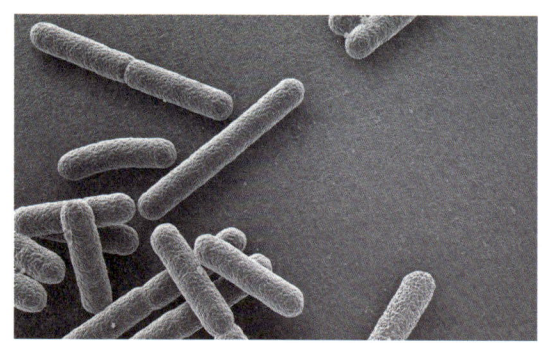
▲ 사람의 대장에 사는 대장균

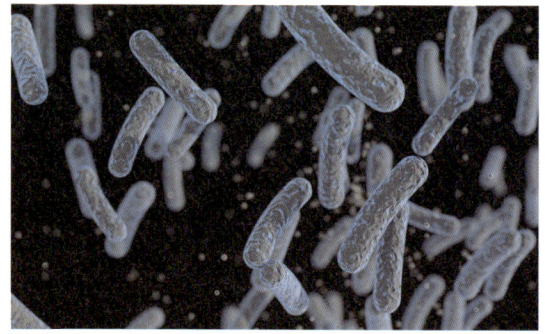
▲ 식중독을 일으키는 살모넬라균

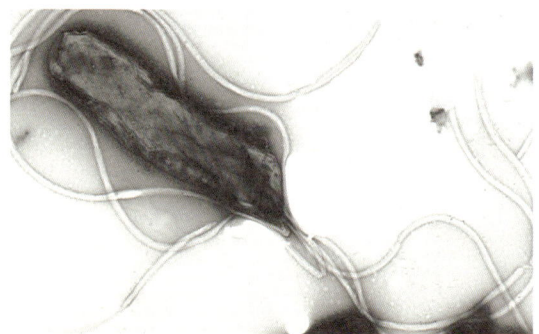
▲ 사람의 위에 사는 세균 헬리코박터 파일로리

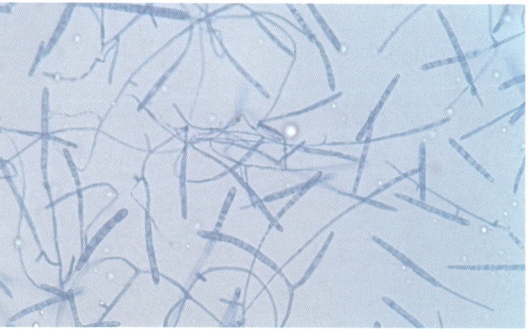
▲ 무좀을 일으키는 곰팡이

굴을 찌푸렸다.

"분해자가 죽은 생물이나 배설물을 없애주는 고마운 생물이라 생각했는데 좋지 않은 면도 있네요."

나선애가 심각한 표정으로 말했다.

핵심정리

분해자는 주로 죽은 생물과 배설물 등을 분해하여 영양분을 얻어. 세균과 곰팡이가 대표적인 분해자야.

 ### 분해자 없이는 못 살아!

용선생이 말을 이었다.

"일부 분해자만 살아 있는 생물에게 질병을 일으킬 뿐이야. 대부분은 죽은 생물과 배설물을 분해하지. 게다가 분해자는 살아 있는 생물에게 중요한 도움을 줘."

"분해자가 도움을 준다고요?"

"응. 분해자가 배설물과 죽은 생물을 분해하면 다른 생물도 흡수할 수 있는 영양분이 나오는데, 이 영양분을 무기 양분이라 해. 무기 양분은 주변의 흙이나 물, 공기에 섞

▲ 분해자가 과일을 분해하는 과정

여 자연으로 돌아가는데, 생산자가 이 무기 양분을 흡수하여 사용하지."

"무기 양분과 식물이 만드는 영양분이 어떻게 다른데요?"

"무기 양분은 생물의 몸을 구성하는 성분으로 매우 적은 양이지만 생물이 살아가는 데 꼭 필요한 영양분이야. 질소, 인, 칼륨, 칼슘, 마그네슘, 철 등이 무기 양분에 포함돼. 이 중에서도 질소, 인, 칼륨은 생산자들이 살아가는 데 매우 중요해."

"선생님! 생산자는 무기 양분을 못 만드나요?"

왕수재의 질문에 아이들이 "그러게." 했다.

"무기 양분은 생산자가 만들 수 없는 영양분이야. 하지만 질소, 인, 칼륨 같은 무기 양분은 엽록소처럼 생산자에게 꼭 필요한 몸속 물질을 만드는 데 사용돼. 그래서 식물은 분해자가 만든 무기 양분을 꼭 흡수해야 해."

▲ 영양분의 순환

"아, 그런 거구나."

"생산자는 이렇게 분해자들이 만든 무기 양분을 흡수하고, 한편으로는 광합성으로 영양분을 만들어 살아. 그러면 소비자는 생산자를 먹어 영양분을 얻지."

"이야, 분해자가 없다면 정말 큰일 나겠네요."

 핵심정리

분해자는 죽은 생물이나 배설물을 분해해 무기 양분을 만들어. 그리고 생산자는 이 무기 양분을 흡수해 몸을 구성하는 데 사용해.

만약 분해자가 없다면?

"그런데 분해자가 거의 없는 곳이 있어."

"정말요? 거기가 어디예요?"

"힌트를 줄 테니 맞혀 봐. 먼저 분해자는 주로 따뜻하고 습도가 높은 곳에서 살아."

"아하! 그럼 분해자가 거의 없는 곳은 춥거나 습도가 낮은 곳이겠군요."

"하하, 맞아. 바로 북극과 남극 같은 곳이지. 또 극지방과 가까운 러시아의 일부 지역도 분해자가 거의 살지 못한단다. 이곳도 극지방처럼 매우 추워서 거의 1년 내내 땅이 꽁꽁 얼어붙어 있고, 매우 건조하거든. 이런 곳에선 분해자가 있다 해도 분해를 매우 느리게 해."

"그러면 분해자가 있어도 없는 거나 마찬가지네요."

"맞아. 이곳의 얼어붙은 땅속에는 미처 분해되지 못한 죽은 생물과 배설물이 많아."

"땅속에 있는데 어떻게 알아요?"

"최근 이 지역의 날씨가 따뜻해지면서 얼어붙은 땅이 일부 녹기 시작했어. 그러자 녹은 땅에서 아주 오래전에 죽은 생물들과 그들이 남긴 배설물이 발견됐지."

용선생은 말을 마치고 사진 한 장을 화면에 띄웠다.

"지금은 이미 멸종된 매머드야. 죽은 지 4만 년이 넘었는데도 피부는 물론 털까지 거의 그대로 보존되어 있단다. 정말 신기하지 않니?"

"우아, 정말로 죽은 생물이 거의 썩지 않고 보존되어 있네요. 좀 끔찍하긴 해도 과학자들이 연구하는 데엔 도움이 되겠어요."

"나중에 과학자가 되면 러시아부터 가 볼래요!"

▲ 4만 년 전에 죽은 매머드

▲ **죽은 매머드가 발견된 지역** 아주 짧은 여름 외에는 식물을 거의 찾아볼 수 없어.

신이 난 왕수재를 보며 용선생이 사진 한 장을 화면에 띄웠다.

"여기는 죽은 매머드가 발견된 지역이야."

왕수재가 갑자기 눈이 동그래져서 물었다.

"잉? 그냥 땅과 얼음만 있네요. 건물도 없고, 식물이나 동물도 거의 없는데요?"

"응. 이곳은 이끼나 풀 정도만 겨우 자랄 뿐, 농작물이 자라지 못해서 사람들이 살지 않아. 한마디로 버려진 땅이지. 생산자는 분해자가 분해한 무기 양분을 흡수해야 살 수 있는데, 분해자가 거의 없으니 생산자도 살기가 어려운 거야."

"분해자 없이는 다른 생물도 살 수 없군요."

"맞아. 반대로 분해자가 있으면 다른 생물도 살 수 있어. 실제로 아주 오래전 지구에 살던 생물의 대부분이 멸종한 적이 있어. 이때 유일하게 살아남은 생물이 분해자란다. 분해자 덕분에 다른 생물들도 다시 나타나기 시작했고, 결국은 지금과 같이 다양한 종류의 생물이 살게 된 거지."

"우아! 분해자 님! 그때 죽지 않고 살아남아 주셔서 감사합니다."

"하하! 장하다는 못 말린다니까."

 **핵심정리**

분해자가 없으면 생산자는 몸을 구성하는 데 필요한 무기 양분을 얻지 못해 수가 점점 줄어들어. 그럼 다른 생물도 살 수 없게 되고, 소비자도 같이 줄어들지.

나선애의 정리노트

1. 분해자
- 죽은 생물, ⓐ_____ 과 생물이 버린 껍질이나 털 등을 무기 양분으로 분해하여 영양분을 얻는 생물.
  - 예 ⓑ_____ 와 ⓒ_____

2. 분해자의 역할
① 생물, 배설물, 찌꺼기를 질소, 인, 칼륨과 같은 무기 양분으로 분해하여 주변의 흙, 물, 공기로 돌려보냄.
② 분해자가 분해한 물질은 ⓓ_____ 에게 꼭 필요한 영양분으로, 생산자가 몸속 물질을 만드는 데 사용함.

3. 분해자가 없어진다면?
① 죽은 생물과 배설물이 계속 쌓여 다른 생물이 살 공간이 부족해짐.
② 생산자는 살아가는 데 꼭 필요한 무기 양분을 흡수하지 못해 살 수 없음.
③ 생산자가 없어지면 생산자를 먹고 사는 다른 생물도 살 수 없음.

ⓐ 배설물 ⓑ 곰팡이 ⓒ 세균 ⓓ 생산자

 # 과학퀴즈 달인을 찾아라!

●정답은 115쪽에

01

친구들이 이번 시간에 배운 내용에 대해 이야기하고 있어. 옳으면 O, 옳지 않으면 X를 표시해 줘.

① 죽은 생물이 썩어 없어지는 현상은 분해자와 상관없어. (   )
② 분해자가 만든 물질은 생산자에게 꼭 필요한 영양분이야. (   )
③ 만약 분해자가 사라진다 해도 별다른 변화가 없을 거야. (   )

02

왕수재가 목적지를 찾아 길을 잃고 헤매고 있어. 갈림길에서 분해자에 해당하는 생물을 찾아가면 도착할 수 있대. 왕수재가 어느 문을 통과해야 하는지 길을 찾아가며 알아맞혀 봐.

4교시 | 생태계

우리 주변의 생태계는?

연못이 너무 예쁘다.

허영심이 과학실에 새우가 든 작은 어항을 들고 나타났다.

"이번에 삼촌한테 선물 받은 어항이야. 정말 특이하지?"

"뭐가 특이하다는 거야?"

"이 어항은 모든 곳이 다 막혀 있거든."

"어, 정말이네? 그러면 어항 속에 있는 새우한테 어떻게 먹이를 줘?"

"우리 집에 있는 어항은 한 달에 한 번씩 청소해 줘야 하던데, 이건 어떻게 청소하지?"

아이들의 질문에 허영심이 곤란한 표정을 지었다.

"삼촌은 하루에 한 번씩 햇빛이 잘 드는 곳에 두면 된다고 했는데……. 사실 나도 잘 몰라."

때마침 용선생이 과학실로 들어왔다.

 ## 어항 속에는 누가 살까?

"영심이가 재미있는 어항을 가지고 왔구나."

용선생이 어항을 보더니 반가운 표정을 지었다.

"어? 선생님! 이 어항에 대해 아세요?"

"그럼! 생태 어항이잖니. 이 어항은 입구가 없이 모든 곳이 다 막혔지만, 생태계에 꼭 있어야 할 것은 모두 다 있어. 그래서 먹이를 주거나 청소해 주지 않아도 된단다."

"생태계에 꼭 있어야 하는 게 뭔데요?"

"지난 시간에 배운 생산자와 소비자 그리고 분해자이지!"

용선생의 말에 아이들의 눈이 동그래졌다. 나선애가 어항을 가리키며 말했다.

"여기 보이는 새우는 소비자일 테고, 생산자는 어디에 있나요?"

"혹시 나무처럼 생긴 게 생산자인가요?"

"그건 새우가 숨거나 놀 수 있게 넣어 준 장식품이고 생산자는 따로 있어. 어항 속을 자세히 보면 녹색 머리카락처럼 생긴 게 있지? 그게 생태 어항 속의 생산자야. 이것을

녹조류 (생산자)

새우 (소비자)

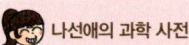

나선애의 과학 사전

녹조류 강과 바다의 돌이나 땅에 붙어 사는 생물로 클로렐라, 파래, 청각 등이 있어.

녹조류라고 해. 녹조류는 엽록체를 가진 생물이라 식물처럼 광합성을 할 수 있지."

"아하! 그래서 삼촌이 이 어항을 하루에 한 번씩 햇빛이 잘 드는 곳에 두라고 한 거군요."

"그렇지. 그래야 녹조류가 광합성을 해서 영양분을 만들며 자랄 수 있거든. 새우는 이렇게 자라난 녹조류를 먹고 영양분을 얻어. 녹조류가 자란 만큼 새우가 계속 먹으니까 녹조류의 양도 일정하게 유지될 수 있지."

"오! 그러면 새우의 먹이를 따로 주지 않아도 되겠네요."

아이들이 신기한 듯 어항을 자세히 관찰했다. 어항을 한참 들여다보던 왕수재가 물었다.

"그런데요, 분해자는 어디에 있어요?"

"왕수재! 분해자는 곰팡이와 세균이라고 지난 시간에 배웠잖아. 당연히 눈에 안 보이지."

허영심이 구박하자 왕수재가 입을 삐죽거렸다.

"하하! 맞아. 분해자는 지금 우리 눈에는 안 보이지만 분명히 이 안에 있을 거야. 그러니까 이렇게 어항이 꽉 막혀 있어도 괜찮은 거지."

"분해자가 있는지 없는지 어떻게 알아요?"

"만약 어항 속에 분해자가 없다면 어떤 일이 일어날까?"

"음……. 그럼 새우가 누는 똥이 계속 쌓이겠죠."

"맞아. 그리고 새우는 몸이 커질 때마다 껍질을 벗는데, 이런 껍질도 어항 속에 계속 쌓이겠지? 또 새우가 먹다 흘린 녹조류도 쌓일 거야. 하지만 어항 속에서 분해자들이 녹조류와 새우가 내보내는 찌꺼기를 분해하고 있어서 어항 속이 깨끗하게 유지되고 있지. 또 분해자가 분해한 물질은 녹조류가 다시 흡수할 수 있는 거고."

"오호라! 세 종류의 생물이 모두 있으니까 먹이를 따로

분해자는 어디 있지?

▲ **생태 어항 속 분해자의 역할** 분해자는 생산자와 소비자가 남긴 물질을 분해하여 영양분을 얻어. 이렇게 분해된 물질의 일부는 생산자가 흡수해.

주지 않아도 자기들끼리 영양분을 주고받으며 살 수 있는 거군요."

"그렇지!"

생태 어항에는 생산자인 녹조류, 소비자인 새우 그리고 분해자가 모두 있어서 서로 영양분을 주고받으며 살 수 있어.

 새우는 어떻게 숨을 쉴까?

"그런데요, 선생님! 하나 걱정되는 게 있어요."

"뭔데?"

"새우는 숨을 쉬고 살아야 하는데 이렇게 꽉 막혀 있으면 공기가 부족해서 살 수 없을 것 같은데요."

장하다가 어항 속 빈 곳을 가리키며 말했다.

"하하! 그렇게 생각할 수도 있겠구나. 그런데 잘 생각해 봐. 생산자가 광합성으로 영양분을 만들 때 함께 만들어지는 물질이 있잖아."

"아, 맞다! 산소요. 산소가 만들어져요."

"생태 어항의 생산자는 녹조류니까, 녹조류가 광합성을 하며 산소가 생기겠네요."

"맞아. 녹조류가 만든 산소는 새우뿐만 아니라 분해자가 숨 쉬는 데에도 쓰여. 그리고 새우와 분해자가 숨 쉬면서 내뱉는 이산화 탄소는 다시 녹조류가 광합성을 할 때 사용되지."

"오호! 생물끼리 필요한 기체를 서로 주고받네요."

"그렇지. 방금 전에 생태계에 꼭 있어야 할 게 이 생태 어항에 다 있다고 했지? 생태계는 생산자, 소비자, 분해자로

용선생의 과학 현미경

비생물 요소에는 빛, 산소, 이산화 탄소, 물, 흙, 온도 등 생물을 둘러싸고 있는 모든 자연환경 요소가 포함돼.

이뤄진 생물 요소와 비생물 요소로 구성되어 있어. 비생물은 아닐 비(非) 자를 써서 생물이 아니란 뜻이지. 빛, 산소, 이산화 탄소, 물 같은 것이 바로 비생물 요소야."

그때 왕수재가 손을 들고 말했다.

"그래도 빛은 따로 비춰 줘야 하잖아요."

"하하! 그렇지. 아까 하루에 한 번씩 생태 어항을 햇빛이 드는 곳에 둬야 한다고 그랬지? 녹조류가 광합성으로 만든 산소는 새우와 분해자가 하루 동안 호흡하는 데 필요한 양이야. 그리고 새우와 분해자가 호흡으로 내뱉은 이산화 탄소는 녹조류가 광합성을 하는 데 사용되지."

녹조류가 만든 산소의 양 = 새우와 분해자가 숨 쉬는 데 필요한 산소의 양

녹조류의 광합성에 필요한 이산화 탄소의 양 = 새우와 분해자가 숨 쉬며 내뱉은 이산화 탄소의 양

"우아! 그걸 다 계산해서 맞춘 거였군요. 비생물 요소도 영양분처럼 돌고 도네요."

핵심정리

생태 어항에는 생물 요소 외에 빛, 산소, 이산화 탄소, 물 같은 비생물 요소도 있어. 생물 요소와 비생물 요소 모두 녹조류, 새우, 분해자에 의해 돌고 돌며 일정하게 유지되고 있지.

"생태 어항에서 본 것처럼 한 공간에 사는 생물들은 생물끼리만 영향을 주고받는 게 아니라 비생물 요소와도 영향을 주고받아."

"그러게요. 생물은 산소가 없으면 살 수 없으니까요."

"그렇지. 앞에서 여러 번 얘기했던 생태계의 의미가 바로 이거야. 생태계는 '생물 요소와 비생물 요소가 서로 영향을 주고받는 세계'를 뜻해."

"아, 생태계가 그런 뜻이었군요."

"생태 어항은 생물의 종류와 수 그리고 비생물 요소가

일정하게 유지되며 균형을 이루고 있어. 이런 균형 상태를 '생태계 평형'이라고 해. 만약 생태 어항을 햇빛 아래 너무 오래 두거나 짧게 두면 생태계 평형이 깨질 수도 있어."

▶ **생태 어항의 생태계 평형** 생물 요소와 비생물 요소가 일정하게 유지되며 균형을 이루고 있어.

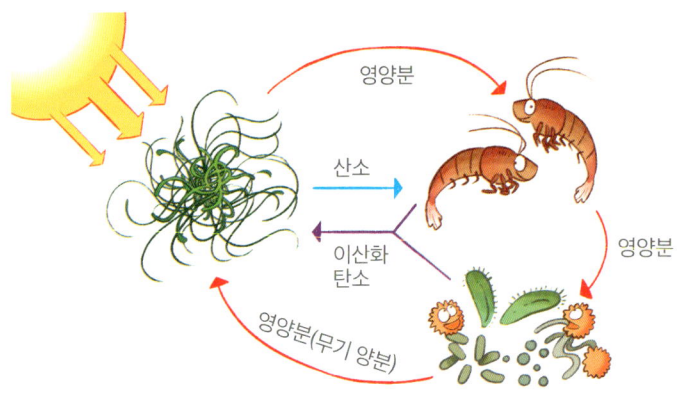

"정말요? 영심아! 어항 관리를 잘해야겠다."

"생물 요소와 비생물 요소가 서로 영향을 주고받는 생태 어항이 생태계인 것처럼 우리가 살고 있는 지구도 거대한 생태계야. 그리고 지구 안에는 바다 생태계, 육지 생태계, 동굴 생태계, 산 생태계 등 크고 작은 생태계가 엄청나게 많아."

"우아, 정말 많네요!"

"우리와 가까이 있는 학교 연못도 생태계란다. 검정말부터 개구리밥 등 다양한 생산자들이 광합성을 하며 영양분과 산소를 만들지. 또 올챙이, 물장군, 오리 같은 소비자들

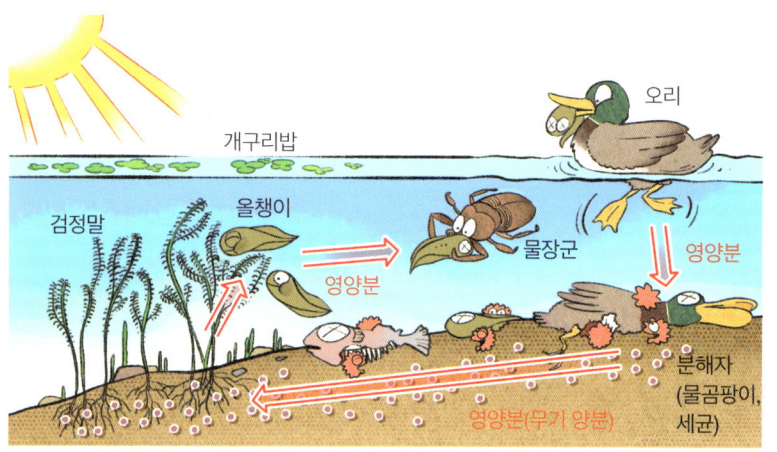
▲ 연못 생태계

은 서로 먹고 먹히는 먹이 사슬을 이루고 있잖아."

"생산자들은 올챙이나 물장군 같은 소비자에게 산소를 주고, 소비자가 내뱉은 이산화 탄소를 흡수해서 사용하는 거겠죠?"

"그렇지! 또 분해자들도 열심히 생산자와 소비자가 남긴 물질을 분해하여 영양분을 얻고 있어."

"와, 모두 돌고 도네요. 어지러울 정도예요."

"하하, 그래. 이제 생태계에 대해 충분히 배운 것 같구나. 그럼 오늘 수업은 여기서 끝!"

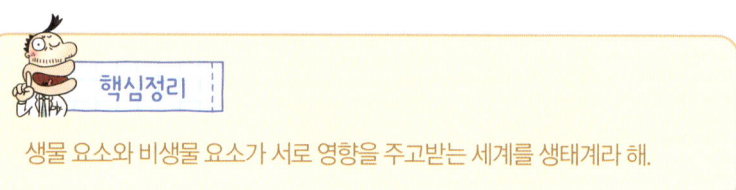

핵심정리

생물 요소와 비생물 요소가 서로 영향을 주고받는 세계를 생태계라 해.

나선애의 정리노트

1. 생태계의 정의
- 생물 요소와 비생물 요소가 서로 영향을 주고받는 세계

2. 생태계의 구성
① 생물 요소: 생산자, 소비자, ⓐ _____
② ⓑ _____ : 생물 주변의 자연환경으로, 빛, ⓒ _____, 이산화 탄소, 물 등이 있음.

3. 생태계 평형
- 생태계의 생물 종류와 수, 비생물 요소가 일정하게 유지되며 ⓓ _____ 을 이루는 것.

4. 생태계의 종류
- 생태 어항처럼 작은 생태계부터 지구처럼 거대한 생태계까지 종류가 다양함.

ⓐ 분해자 ⓑ 비생물 요소 ⓒ 공기 ⓓ 평형

과학퀴즈 - 달인을 찾아라!

●정답은 115쪽에

01

친구들이 이번 시간에 배운 내용에 대해 이야기하고 있어. 옳으면 O, 옳지 않으면 X를 표시해 줘.

① 생태계에는 생산자만 있으면 돼. (　　)
② 생태계에는 생물 요소와 비생물 요소가 함께 있어. (　　)
③ 생태계에는 연못 생태계밖에 없어. (　　)

02

아래 문장에 들어갈 단어를 표에서 찾아 줘. 단어는 가로, 세로, 대각선 방향으로 숨어 있어.

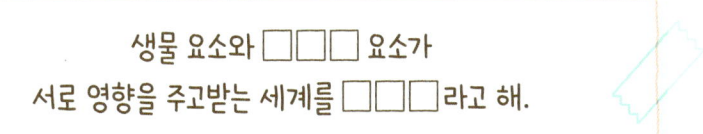

생물 요소와 □□□ 요소가
서로 영향을 주고받는 세계를 □□□라고 해.

생	물	좋	아
갈	태	아	주
대	돌	계	장
비	생	물	소

5교시 | 생태계 핵심종

지리산에 꼭 있어야 하는 동물은?

지리산에서 반달가슴곰을 되살리고 있대!

왜 반달가슴곰을 되살리는 거지?

"으악! 선생님, 여기 곰이 있나 봐요."

"엄마야, 곰이래! 무서워!"

"다들 진정하렴. 지리산에 곰이 필요해서 과학자들이 곰을 풀어 주고 수를 늘리는 중이란다. 지리산에 사는 곰은 반달가슴곰 종류로 북극곰이나 불곰보다는 순한 곰이야. 사람과 마주치면 대부분 먼저 도망가."

"휴, 그렇다면 다행이고요."

그러자 꽉두기가 이상하다는 듯 물었다.

"그런데 지리산에 곰이 왜 필요해요?"

 ### 지리산에 무슨 일이 생겼을까?

"예전에는 우리나라에도 높은 산에 반달가슴곰들이 약

2,000마리 이상 살았어. 하지만 일제 강점기와 전쟁을 거치면서 그 수가 많이 줄어들었고, 곰을 불법으로 사냥하는 사람들까지 생기면서 이제는 거의 멸종된 상태지. 이렇게 곰이 없어지자 지리산 생태계에 문제가 생겼어."

"어떤 문제요?"

"크게 두 가지 문제가 생겼어. 하나씩 천천히 살펴보자. 먼저, 곰이 사라지자 지리산은 나무들만 빽빽하게 자라는 숲이 되었어."

"곰이랑 나무가 무슨 관련이 있나요?"

"곰은 나무들 사이로 자라는 어린 나무의 싹이나 다 자란 나무의 뿌리와 열매를 먹어. 곰 때문에 나무들 사이로 새로운 나무가 덜 자라고, 뿌리가 훼손된 나무는 죽기도 하지. 그 결과 나무가 너무 많아지지 않고 듬성듬성 자라며 수가 알맞게 조절될 수 있었어. 그런데 곰이 없어지자 나무의 수가 너무 많아진 거야."

"나무가 빽빽해지는 게 무슨 문제예요? 나무가 많아지면 환경이 좋아지는 거 아니에요?"

"나무가 너무 빽빽해지면 나무들끼리 흙 속의 물과 영양분, 햇빛 등의 자원을 서로 차지하려고 치열하게 경쟁해. 자원은 일정한데 나무가 많아지니 한 나무가 얻을 수 있는

 곽두기의 낱말 사전

자원 무언가를 만들거나 생물이 자라는 데 쓰이는 여러 가지 재료를 말해.

자원의 양이 줄어들지. 영양분이 부족해지다 보니 나무들은 느리게 자라고 잎이나 열매를 덜 맺게 되었어."

"헉! 얼핏 봤을 때는 숲에 나무가 많아서 문제가 없는 것처럼 보였는데……. 그게 아니었네요."

"그렇지. 이제 또 다른 문제를 설명해 줄게. 곰이 사라지고 오랜 세월이 흐르자 이번에는 초식 동물의 수가 엄청나게 늘었어."

"초식 동물이요? 왜요?"

"예전엔 곰이 초식 동물에게 위협을 주는 동물이었지만, 이제는 초식 동물에게 위협이 되는 동물이 없잖아? 초식 동물은 한 해에도 여러 번 새끼를 낳을 수 있고, 한 번에 10마리 이상의 새끼를 낳기도 해. 그래서 곰이 없던 세월

동안 수가 엄청나게 늘어난 거야."

"근데 초식 동물이 많아져서 무슨 문제가 생겼어요?"

"곤충, 쥐, 너구리처럼 작은 동물부터 고라니, 멧돼지처럼 큰 동물까지 초식 동물의 대부분은 먹이가 비슷해. 그 결과 시간이 지날수록 초식 동물끼리 먹이를 두고 경쟁이 심해졌고, 경쟁에서 진 동물들은 먹이를 찾아 산에서 내려와 주변 논과 밭의 농작물을 먹기 시작했지."

"아, 맞다! 멧돼지가 농작물을 망쳐 놨다는 뉴스를 본 적 있어요."

아이들 모두 고개를 끄덕이며 안타까워했다.

 **핵심정리**

지리산에 곰이 사라지자 숲에 나무가 빽빽해지면서, 나무들끼리 경쟁이 심해졌어. 초식 동물은 위협을 주는 동물이 없어지자 수가 늘어나 먹이 경쟁이 심해졌지.

 지리산에 곰이 살게 된다면?

"그래도 너무 걱정하지 마! 이제 지리산에 곰이 살기 시작했잖아."

"지리산에 곰이 살면 문제들이 해결되나요?"

"그럼! 아까 곰이 나무의 새싹과 뿌리, 열매 등을 먹으면 나무의 수가 알맞게 조절된다고 했지? 곰은 먹이를 먹을 때 열매가 달린 나뭇가지를 통째로 부러뜨려 주변에 쌓아 두고 먹는 습성이 있어. 이 과정에서 나뭇가지가 너무 많이 꺾인 나무들은 죽기도 하는데, 이 또한 나무의 수를 조절하는 데 큰 역할을 하지."

"우아! 먹이를 먹는 방법이 특이하네요."

"곰이 나뭇가지를 꺾으면 그동안 키 큰 나무들에 가려 그늘이 졌던 곳에도 빛이 들어. 덕분에 빛이 부족해 잘 자라지 못하던 키가 작은 나무와 풀들도 자랄 수 있지."

"이야, 다양한 식물들이 자랄 수 있겠네요."

"그렇지. 게다가 곰은 식물의 씨를 숲 곳곳에 뿌려 주기도 해."

"네? 곰이 무슨 농부라도 되나요?"

장하다가 씨를 뿌리는 시늉을 하며 물었다.

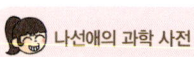

습성 같은 동물끼리 공통적으로 관찰되는 행동이나 습관, 생활 방법 등을 말해.

"하하! 맞아. 과학자들은 곰을 숲속의 농부라고도 불러. 곰은 하루에 10km까지 이동할 정도로 활동 범위가 넓어. 그래서 숲 여기저기에 배설하는데, 이 배설물 안에 곰이 먹은 열매의 씨가 들어있지."

"오, 곰을 따라 씨들이 숲 곳곳으로 퍼지겠어요."

"맞아. 아직 원인이 정확하게 밝혀지진 않았지만 곰의 배설물로 나온 씨는 그냥 땅에 떨어진 씨보다 훨씬 더 싹이 잘 나온다고 해."

"우아! 씨를 퍼뜨리기만 하는 게 아니라 잘 자라게까지 해 주다니! 신기해요."

이때 나선애가 심각한 표정으로 물었다.

"그런데요, 초식 동물의 수가 늘어난 문제도 곰이 해결할 수 있나요?"

"그럼! 앞에서 곰이 초식 동물에게 위협을 준다고 했지? 반달가슴곰은 주로 식물을 먹지만, 곤충이나 쥐, 새처럼 작은 동물을 먹기도 해. 그래서 초식 동물들은 곰이 주변에 있다는 사실만으로도 큰 두려움을 느끼고 계속 긴장하며 생활해."

"정말요? 곰이 호랑이처럼 육식만 하는 것도 아닌데요."

"응. 포식자가 있다는 두려움과 긴장감으로 초식 동물들

곰이 돌아온다면?

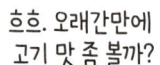

은 새끼를 잘 갖지 못해. 혹시나 새끼를 가졌더라도 건강하지 못한 새끼가 많이 태어나기 때문에 수가 많이 줄어들어. 이런 걸 '포식자의 공포 효과'라 하지."

"포식자의 공포 효과! 그럴 듯한데요?"

나선애가 눈을 반짝이며 말했다.

"그렇지? 이렇게 지리산에 곰들이 살게 되면, 키가 큰 나무는 물론이고, 키가 작은 나무와 풀까지 여러 종류의 식물들이 자랄 수 있어. 또, 초식 동물의 수도 지금보다 줄어서 지리산의 식물만으로도 먹이가 충분할 뿐 아니라 사는 공간도 충분해질 거야."

"와! 그러면 이제 초식 동물들이 산에서 내려오지 않겠네요."

"맞아. 이렇게 지리산에 곰이 사는 것만으로도 생물의 종류가 다양해지고 그 수도 적절하게 유지되어 생태계가 평형을 이룰 수 있어."

"존재하는 것만으로도 이렇게 큰 영향을 줄 수 있다니. 곰은 정말 대단하군요!"

"하지만 곰을 복원하는 사업이 시작된 지 얼마 안 되어서 아직은 곰의 수가 부족한 편이야. 과학자들은 곰이 지금보다 더 많아져야 초식 동물의 수가 조절될 수 있을 거라 예상하고 있어."

"그 이야기는 아직까지 곰이 지리산의 초식 동물에게 큰 영향을 주지 못한다는 거네요?"

장하다가 실망한 표정으로 물었다.

"그렇지. 하지만 우리나라와 비슷한 문제가 생겼던 곳에서 곰 같은 동물을 늘려 문제를 해결한 사례가 있으니, 우리도 조금만 더 기다려 보자고."

핵심정리

곰은 나무의 수를 조절할 뿐만 아니라 다양한 종류의 식물이 자라게 해 줘. 또 초식 동물에게 두려움을 주어 초식 동물의 수도 조절하지. 그 결과 지리산은 생태계 평형을 이루게 돼.

과연 곰이 지리산을 변화시킬까?

"비슷한 문제가 생겼던 곳이 어딘데요?"

"바로 미국의 옐로스톤 국립공원이야. 1912년 미국 정

나선애의 과학 사전

무스 손바닥처럼 생긴 뿔이 특징인 사슴으로 평균 몸길이 3m, 몸무게는 800kg으로 사슴 중 가장 몸집이 커. 나무의 잎부터 가지, 껍질까지 먹고, 물에 사는 식물도 먹어.

와피티사슴 평균 몸길이 2.5m, 몸무게는 500kg으로 무스에 이어 두 번째로 몸집이 큰 사슴이야. 무스와 먹이가 비슷해.

천적 어떤 생물을 잡아먹는 특정 생물을 말해. 예를 들어 쥐를 주로 잡아먹는 동물은 뱀이나 고양이지. 이 뱀이나 고양이를 쥐의 천적이라고 하는 거야.

부는 옐로스톤에 사는 초식 동물 무스와 와피티사슴을 비롯해 공원 근처 목장에서 키우는 가축들을 보호하기 위해 이들의 천적인 늑대를 모두 사냥했어. 그 후로 초식 동물의 수가 엄청나게 늘어나면서 여러 가지 문제가 생겨났지."

"어떤 문제가 생겼는데요?"

"수가 늘어난 초식 동물들이 풀과 나무의 뿌리, 새싹까지 모두 뜯어 먹었어. 그러자 50년 넘게 산 오래된 나무들마저 죽기 시작했지. 특히 강가에 사는 나무들은 뿌리로

▲ 늑대가 사라져 생태계 평형이 깨졌어.

강 주변의 땅을 단단히 붙잡고 있었는데, 이들이 없어지자 땅이 무너졌어. 그 결과 강의 폭이 넓어지며 물이 얕아졌고, 수많은 물속 생물들이 죽거나 다른 곳으로 떠났지."

"잉? 초식 동물만 늘어났을 뿐인데 생각지도 못한 문제들이 생겼네요."

"그렇지? 늑대가 강물에도 영향을 줄 거라고 누가 상상했겠니? 강가의 나무가 줄면서 나무 껍질과 뿌리를 먹고, 나무로 댐과 집을 짓는 비버마저 이곳을 떠나 버렸어."

"모든 게 엉망이 되어 버렸군요."

"그래서 미국 정부는 예전처럼 늑대가 초식 동물의 수를 조절할 수 있게 늑대를 옐로스톤에 풀어놓기로 했어."

"그래서 모든 게 원래대로 돌아왔나요?"

"늑대가 돌아왔다고 옐로스톤의 생태계가 바로 바뀐 건 아니야. 처음에 약 30마리였던 늑대가 100마리 이상으로 늘어난 뒤에야 초식 동물의 수가 크게 줄었고, 풀과 나무가 다시 자라면서 강과 강 주변의 땅도 회복됐어. 이렇게 되기까지 무려 10년 이상이 걸렸단다."

"10년이나요?"

"꽤 많은 시간이 걸렸지? 그래서 우리나라 과학자들도 곰이 지리산의 생태계를 변화시키려면 10년에서 20년 이

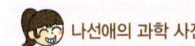
나선애의 과학 사전

비버 쥐처럼 생긴 동물로, 강이나 늪에서 살며 나무의 연한 줄기를 먹고 살아. 비버는 평생을 나뭇가지와 진흙, 돌 등으로 댐을 만드는 독특한 습성이 있어. 깊은 물속에 집을 지어 다른 동물이 침입하는 걸 막는 거야.

▲ 늑대가 돌아와 생태계 평형이 회복되었어.

상은 걸릴 거라고 예상해."

"어쨌든 늑대 하나로 풀과 나무가 다시 자라고 강도 원래대로 돌아와서 다행이에요."

"맞아. 늑대처럼 한 생태계를 구성하는 생물의 종류와 수를 조절하여 생태계 평형을 이루게 하는 역할을 하는 생물을 '핵심종'이라 해."

"그렇다면 곰도 핵심종이에요?"

"맞아. 곰 역시 지리산 생태계의 핵심종이지."

"그럼 우리도 늑대를 지리산에 살게 하는 건 어때요? 곰보다 더 큰 영향을 줄 수 있을 것 같은데요?"

"물론 육식 동물인 늑대가 잡식 동물인 곰보다 초식 동물의 수를 확실하게 줄일 수 있을 거야. 하지만 곰처럼 나무의 수를 조절하거나 식물의 씨앗을 퍼뜨리진 못하지. 또 지리산은 옐로스톤 국립공원처럼 넓지도 않고, 등산객도 많아서 늑대에게 피해를 보는 사람들이 생길 수 있어."

"아! 생각해 보니 정말 그러네요."

그때 왕수재가 자리에서 벌떡 일어나 말했다.

"곰은 과학반의 이 왕수재만큼 중요한 역할을 하는군요. 얘들아, 이제부터 나를 과학반의 핵심종이라 불러 줘."

그러자 나선애가 왕수재의 말에 맞장구를 치며 말했다.

"맞아. 수재 넌 핵심종이야. '핵'폭탄급 재미없는 유머로 '심'각하고 썰렁한 분위기를 만드는 '종'합 문제 세트!"

"하하, 역시 왕수재의 천적은 나선애라니깐."

핵심정리

옐로스톤의 늑대와 지리산의 곰처럼 생태계의 평형을 이루는 데 중요한 역할을 하는 생물을 핵심종이라 해.

나선애의 정리노트

1. 지리산에 반달가슴곰이 사라지자 생긴 문제
  ① 나무들만 빽빽하게 자라면서 나무들이 느리게 자라고 잎과 열매가 덜 생김.
  ② 위협을 주는 동물이 없어져 초식 동물의 수가 늘어남. 초식 동물끼리 먹이 경쟁이 심해짐.

2. 지리산 생태계에서 반달가슴곰의 역할
  ① 나무의 새싹과 뿌리를 먹거나 나무에 둥지를 만들어 나무를 죽임.
    → 나무들이 빽빽하게 자라는 걸 막아 줌.
  ② 키 큰 나무의 나뭇가지를 부러뜨려 숲속 구석구석 빛이 들게 함.
    → 키 작은 나무와 풀들이 잘 자라게 됨.
  ③ 곰이 숲을 돌아다니며 배설을 하면 배설물에 섞여 나온 ⓐ [   ] 가 숲 곳곳으로 퍼지고, 싹이 더 잘 틈.
  ④ 초식 동물에게 ⓑ [   ] 를 줌.
    → 초식 동물의 수가 알맞게 조절됨.

3. 생태계 핵심종
  · 한 생태계를 구성하는 생물의 종류와 수를 조절하여 생태계 ⓒ [   ] 이 이뤄지게 하는 데 핵심적인 역할을 하는 생물
  [예] 옐로스톤 국립공원의 ⓓ [   ], 지리산 국립공원의 반달가슴곰

ⓐ 씨앗 ⓑ 위협 ⓒ 균형 ⓓ 늑대

과학퀴즈 달인을 찾아라!

●정답은 115쪽에

01

친구들이 이번 시간에 배운 내용에 대해 이야기하고 있어. 옳으면 O, 옳지 않으면 X를 표시해 줘.

① 곰은 지리산 곳곳에 씨를 퍼뜨려. (   )

② 곰은 지리산의 나무들이 빽빽하게 자라게 해. (   )

③ 곰은 지리산에 사는 초식 동물을 모두 잡아먹어. (   )

02

장하다가 미로를 통과하려고 해. 올바른 길을 알려줘.

> 힌트 옐로스톤 국립공원에서 늑대를 복원시키고 난 후, 일어난 변화를 따라가면 돼.

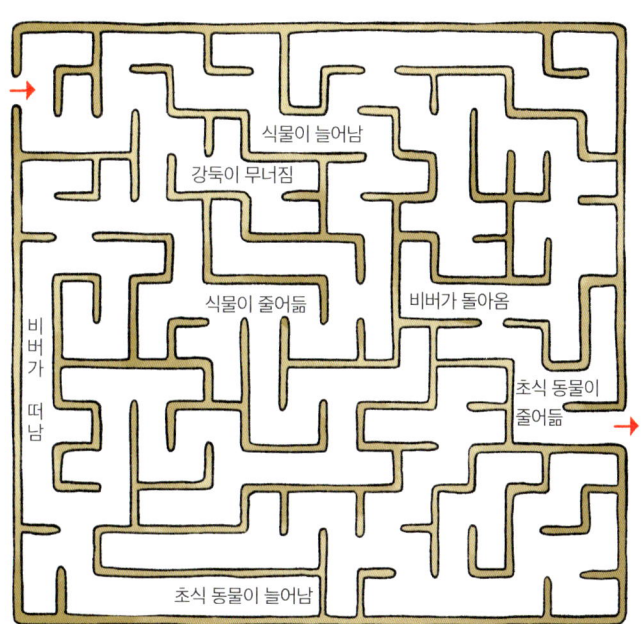

| 용선생의 과학 카페 | 용선생의 한국사 카페 | 용선생의 세계사 카페 |

https://cafe.naver.com/yongyong

용선생의 과학 카페

과학계의 핵인싸,
용선생의 과학 카페에
오신 걸 환영합니다.

Log in

MENU
- 물리면 아프다
- 화학이 화하하
- 생물 오징어
- 지구는 둥글다

동물의 수는 어떻게 조절될까?

생태계를 구성하는 생물들은 주로 늑대나 곰 같은 핵심종에 의해 수가 조절되지만, 다른 종류의 생물이나 같은 종류의 생물끼리 경쟁하면서 수가 조절되기도 해. 예를 들어, 개미와 무당벌레는 다른 종류의 생물이지만 똑같이 진딧물을 먹어. 그래서 진딧물을 두고 싸우면서 수가 조절이 되지.

▲ **개미와 무당벌레의 경쟁** 개미는 진딧물이 만든 단물을 먹고, 무당벌레는 진딧물을 잡아먹어.

하지만 같은 종류의 생물들은 먹이나 사는 곳이 같아서 다른 종류의 생물들보다 경쟁이 더 치열해.

▲ **몽구스** 족제비와 비슷하게 생긴 젖먹이 동물로, 아프리카, 인도, 동남아시아 등에 살아.

먼저, 몽구스란 동물의 사례를 소개할게. 몽구스는 보통 8마리에서 40마리가 무리를 지어 사는데, 무리 중에 임신한 암컷이 너무 많으면 힘이 약한 암컷을 무리에서 쫓아내. 왜냐고?

새끼가 너무 많이 태어나면 먹이가 부족해져. 또, 사는 곳이 좁아지면 병에 걸리기도 쉽고 많이 싸우게 되지. 그래서 약한 암컷을 쫓아내는 방법으로 수를 조절하는 거야.

▲ **구피** 3~6cm 크기의 작은 물고기로, 송사리와 비슷하게 생겼어.

두 번째로, 애완용으로 많이 키우는 물고기 구피의 사례를 소개하지. 구피는 어미가 새끼를 잡아먹어. 그 까닭에 대해 과학자들은 여러 가지 의견을 내고 있지. 그중 가장 많은 지지를 받는 의견은 새끼들 때문에 먹이와 살 공간이 부족해서 새끼를 잡아먹는다는 거야. 실제로 구피는 좁은 어항에 있을 때보다 큰 어항에 있을 때 어미가 새끼를 덜 잡아먹어.

- 장하다의 오답을 피하는 방법
- 나선애의 야무진 실험실
- 왕수재의 아는 척 과학교실
- 허영심의 별 헤는 밤
- 곽두기의 빅뱅 따라잡기

COMMENTS

 우리 집 구피가 새끼를 잡아먹는 까닭이 이거였구나!

 구피를 잘 키우려면 어항이 진짜 커야겠다.

 큰 어항보다는 작은 어항 여러 개로 나누는 게 나아!

곽두기가 교실로 들어오며 말했다.

"수재 형! 나 오늘 학교 오는 길에 황소개구리를 봤어. 정말 크더라."

"혹시 학교 앞 하천에서 본 거야?"

"응! 어떻게 알았어?"

"나도 며칠 전에 거기서 봤거든."

왕수재의 말에 허영심이 깜짝 놀라 물었다.

"학교 앞 하천에 황소개구리가 산다고? 황소개구리는 생태계를 어지럽히는 생물이라던데……. 잡아 달라고 신고라도 해야 하는 거 아니야?"

"정말이야? 황소개구리가 그런 동물이야?"

"나도 자세히는 몰라."

"그건 내가 얘기해 줄게!"

용선생이 성큼성큼 과학실로 들어오며 말했다.

생태계의 골칫덩이들

"황소개구리는 원래 미국에 사는 개구리로, 음식 재료로 사용하기 위해 우리나라로 데려왔어. 이 중 야생으로 풀려나간 일부가 우리나라 토종 동물들을 마구 잡아먹으면서 그 수가 엄청나게 늘어났지. 이처럼 사람들 때문에 혹은 우연히 원래 살던 곳을 벗어나 다른 곳에 살게 된 생물을 '외래종'이라 해."

"아, 황소개구리는 외래종이군요. 그런데 외래종은 전부 황소개구리처럼 야생에 잘 살아남나요?"

"꼭 그렇지는 않아. 외래종 대부분은 새로운 환경에 적응하지 못하고 죽지만, 일부는 황소개구리처럼 새로운 곳에 잘 적응해 수를 엄청나게 늘려. 그래서 원래 그 지역에 살던 토종 생물을 밀어내지."

"어머나, 무섭네요."

"외래종은 다른 나라에서도 큰 문제가 되고 있어. 특히 호주는 다른 대륙과 떨어져 있어서 독특한 생물이 많은데, 외래종이 들어오는 바람에 많은 변화를 겪었지. 먼저 호주의 사례를 살펴보면서 황소개구리를 어떻게 하면 좋을지 생각해 보자."

▲ **황소개구리와 토종 개구리의 크기 비교** 황소개구리는 우리나라 토종 개구리보다 훨씬 큰 덩치로 주변 동물을 잡아먹어.

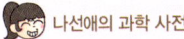 나선애의 과학 사전

토종 생물 어떤 한 지역에 아주 오래전부터 살던 생물을 말해.

▲ **호주** 다른 대륙과 떨어져 있어 호주에서만 사는 동물들이 많아. 이 동물들은 독특한 모습과 습성을 가졌어.

"네, 좋아요."

"첫 번째 사례는 토끼야. 원래 호주에는 토끼가 살지 않았는데, 사람들이 유럽에서 데려와 키우던 중 실수로 일부 토끼가 야생으로 탈출했어. 그런데 70년 후, 토끼의 수는 호주 전 지역에 걸쳐 100억 마리 이상으로 늘어났지."

"헉! 어떻게 그렇게 늘어날 수 있죠?"

"호주에는 토끼의 번식을 막는 경쟁자와 천적 그리고 질병이 없어서 토끼가 빠르게 늘어날 수 있었던 거야. 이렇게 늘어난 토끼들은 풀과 나뭇잎, 뿌리 등을 닥치는 대로 먹어 치웠지."

"풀과 나무가 남아나지 않았겠네요."

"그렇지. 풀과 나무가 사라지자 땅이 바람에 쉽게 깎이고 무너졌어. 식물의 뿌리는 땅이 무너지지 않게 흙을 붙잡아 주거든. 땅이 무너지며 식물이 살 곳이 점점 줄어들었고, 어떤 곳은 사막으로 변하기도 했지."

"토끼 하나 때문에 사막까지 생기다니……."

"그뿐만이 아니야. 토끼와 비슷한 먹이를 먹고 사는 코알라나 캥거루, 양 같은 초식 동물들은 먹이가 부족해지면서 그 수가 줄기 시작했어. 그러자 호주 정부는 코알라와 캥거루가 사는 곳을 비롯해 초식 동물을 키우는 농장으로 토끼가 들어오지 못하게 울타리를 만들었지. 울타리의 길이는 무려 3,256 km나 돼."

아이들은 "헉!" 하며 놀란 표정을 지었다.

"하지만 시간이 흘러 울타리가 조금씩 부서지면서 토끼들이 울타리 안으로 침입하기 시작했어. 나중에는 아예 울타리 안의 먹이를 먹고 수가 더 늘어났지."

"뭔가 아주 강력한 방법을 써야 할 것 같은데요?"

"그래서 호주 정부는 상금을 걸고 전국적으로 토끼 사냥 대회를 열거나 토끼 굴을 다이너마이트로 폭파해서 토끼를 죽였어. 심지어 제 2차 세계 대전 중에는 부족한 식량을 토끼 고기로 해결하기까지 했지. 그럼에도 불구하고

토끼의 수는 좀처럼 줄지 않았어. 아직도 호주는 토끼 문제로 골머리를 앓고 있단다."

"세상에! 아직도 해결이 안 됐다니!"

왕수재가 기가 차다는 듯 말했다.

 핵심정리

미국에서 넘어와 우리나라에 살게 된 외래종 황소개구리, 유럽에서 넘어와 호주에 살게 된 외래종 토끼는 그 지역의 생태계를 어지럽히며 골칫덩이가 되었어.

 ## 외래종의 또 다른 영향

"한편, '딩고'라는 외래종은 토끼와는 조금 다른 영향을 끼쳤어."

"딩고요? 처음 들어 보는 이름이에요."

"딩고는 아주 오래전 호주 원주민들이 동남아시아에서 데려온 야생 들개야. 캥거루, 토끼, 양 등의 초식 동물을 잡아먹는 육식 동물이지. 딩고가 늘어날수록 초식 동물의 피해가 커지자, 호주 정부는 초식 동물을 보호하기 위해

딩고가 들어갈 수 없는 울타리를 만들었어."

"토끼 울타리에 이어 이번엔 딩고 울타리네요?"

"그렇지. 그런데 말이야, 딩고 울타리 덕분에 딩고가 생태계에서 중요한 역할을 해 왔다는 걸 깨닫게 되었어."

"중요한 역할이라고요? 그게 뭔데요?"

허영심이 잔뜩 기대에 찬 표정으로 용선생을 쳐다봤다.

"딩고가 없는 울타리 안쪽에서는 초식 동물의 수가 크게 늘면서 식물이 줄었고, 쥐와 곤충의 수도 크게 줄었지."

"쥐와 곤충도요?"

"쥐와 곤충은 천적을 피해 풀숲에 몸을 숨겨. 그런데 초식 동물들이 풀을 모두 먹어치워 숨을 곳이 없어지자 천

▲ **딩고** 개보다 머리가 큰 야생 들개로, 턱뼈와 송곳니가 발달하여 다른 동물을 잡아먹어. 또, 늑대처럼 공격성이 강해. 오스트레일리아 들개라고도 불러.

▼ **딩고 울타리** 총 길이가 약 5,600km로, 토끼 울타리보다 훨씬 길어.

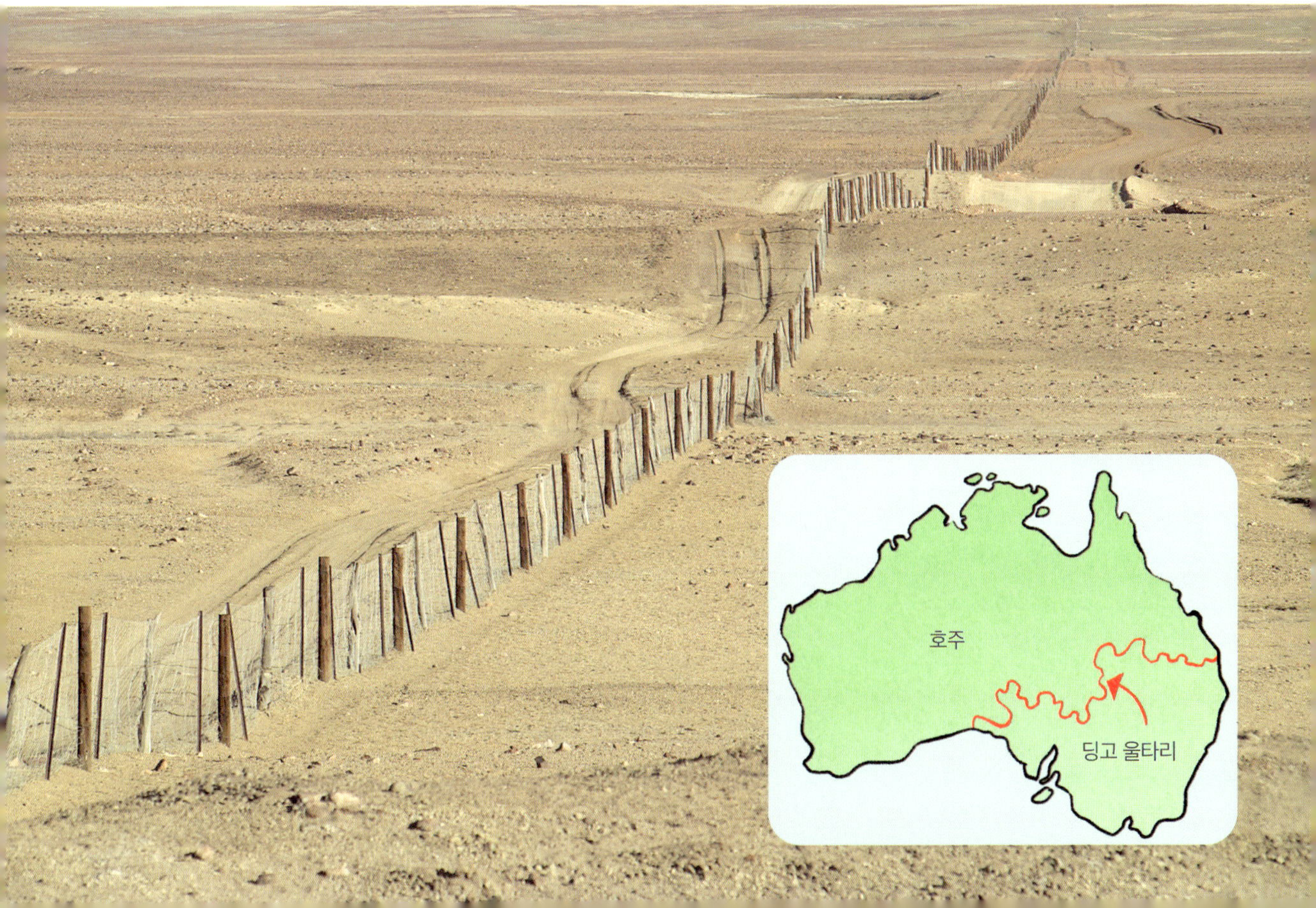

적에게 더 많이 잡아먹혀 수가 줄어든 거야."

허영심이 안타깝다는 듯 쯧쯧거렸다.

▼ 딩고가 없는 생태계

① 초식 동물의 수가 늘어나 식물이 줄었어.　② 식물이 줄자 쥐와 곤충도 줄었어.

"반면 울타리 밖에서는 딩고가 여전히 초식 동물을 잡아먹어 초식 동물의 수가 적절하게 조절되었어. 이와 함께 식물과 곤충, 쥐의 수 역시 적절하게 유지되었고."

"아하! 딩고가 옐로스톤의 늑대처럼 핵심종이었네요."

"맞아. 외래종은 토끼의 사례처럼 문제를 일으키기도 하지만, 딩고의 사례처럼 큰 문제를 일으키지 않고 오히려 그곳 생물들의 먹이 관계에서 핵심적인 역할을 하기도 해. 그래서 많은 호주 사람들이 딩고를 울타리로 분리하지 말고, 사냥도 하지 말자고 주장해."

▼ 딩고가 있는 생태계

① 딩고가 초식 동물을 잡아먹어 초식 동물의 수가 알맞게 조절되고 있어.
② 식물, 곤충, 쥐의 수도 알맞게 조절되고 있어.

핵심정리

동남아시아에서 넘어와 호주에 살게 된 외래종 딩고는 호주의 생태계에 꼭 필요한 핵심종이 되었어.

 그렇다면 황소개구리는?

"그렇다면 황소개구리도 딩고처럼 생태계에 꼭 필요한 존재가 될 수 있을까요?"

"황소개구리가 우리나라 생태계에 들어오고 난 뒤 어느덧 50년 이상 지났어. 먼저 황소개구리가 처음 들어왔을

▲ 황소개구리가 우리나라 생태계에 처음 들어왔을 때

때와 지금 어떻게 다른지 얘기해 줄게."

"네, 궁금해요."

"처음에 황소개구리는 토종 개구리, 작은 새, 큰 물고기 그리고 뱀까지 잡아먹었어."

"원래 새나 뱀이 개구리를 잡아먹지 않나요?"

곽두기가 고개를 갸우뚱거렸다.

"맞아. 하지만 황소개구리는 우리나라 토종 개구리보다 훨씬 덩치가 커서 개구리의 천적까지 잡아먹을 수 있었어. 새와 뱀들은 처음 본 황소개구리가 자신의 먹이인지 아닌지 구분하지 못해 먹을 생각을 못 하고 있다가 오히려 당하고 만 거지."

"헉! 그래서 황소개구리가 문제였던 거군요."

"하지만 지금은 황소개구리와 주변 동물의 관계가 변했단다."

"어떻게요?"

"이제는 뱀과 왜가리, 오리, 큰 물고기 등 다양한 동물이 황소개구리의 천적이 되었어. 이들은 황소개구리의 올챙이까지 잡아먹지."

▲ 황소개구리를 잡아먹는 동물들

"우아! 정말 다행이에요."

"덕분에 우리나라 생태계에서 황소개구리의 수가 알맞게 유지되고 있단다. 이제 황소개구리는 새나 뱀 대신 주로 곤충이나 작은 물고기 등을 먹어."

"그런데 황소개구리에게 잡아먹히던 동물들이 갑자기 왜 황소개구리를 잡아먹기 시작한 거예요?"

▲ 황소개구리가 우리나라 생태계에 나타난 지 50년 뒤

"환경 오염 때문에 우리나라 토종 개구리의 수가 많이 줄었어. 또, 새나 뱀의 먹이가 되는 다른 생물들도 수가 많이 줄었지. 그래서 토종 개구리를 먹이로 삼던 동물들이 황소개구리도 먹기 시작한 거야."

"저런. 그렇게 좋은 이유는 아니었네요."

"그렇긴 하지. 아마도 어느 날 어떤 동물이 배고픔을 이기지 못하고 황소개구리를 먹었을 거야. 그 모습을 본 다른 동물들은 황소개구리를 먹어도 된다는 걸 깨닫고 자신들도 잡아먹기 시작했겠지."

"먹어도 되는지 확인하는 데 50년이나 걸리다니!"

"호주가 100년 동안이나 토끼 때문에 골머리를 앓고 있는 것과 비교하면 50년은 짧은 거 아니겠니? 주변 환경의 변화가 없었다면 더 오래 걸렸을지도 몰라."

"그렇다면 이제는 굳이 황소개구리를 잡아서 없애지 않아도 되겠네요. 황소개구리도 다른 생물의 중요한 먹이가 됐잖아요."

"그렇지. 이젠 우리가 나서지 않아도 자연적으로 황소개구리 수가 조절되고 있어. 황소개구리가 여전히 문제를 일으키는 생태계도 있기는 하지만 곧 좋아질 거야. 이처럼 외래종도 새로운 곳의 먹이 관계에 포함되면 생태계에 도움이 되기도 한단다."

"외래종인 황소개구리가 이제는 우리나라 생태계의 일부가 되다니! 정말 신기해요."

"그렇지? 하지만 이렇게 평형이 회복되기까지 아주 긴 시간이 걸린 만큼 외래종을 들여오는 문제는 조심하고 또 조심해야 해."

 핵심정리

약 50년 전에 우리나라에 들어와 생태계를 어지럽히던 외래종 황소개구리는 오늘날 우리나라 생태계의 먹이 관계에 포함되면서 그 수가 자연적으로 조절되고 있어.

 나선애의 정리노트

1. ⓐ
   · 원래 살던 곳을 벗어나 다른 곳에 살게 된 생물들

2. 외래종이 생태계에 끼치는 영향
   ① 대부분은 새로운 환경에 적응하지 못하고 죽음.
   ② 새로운 곳은 경쟁자나 ⓑ 이 없어 환경에 잘 적응하기만 하면 수가 엄청나게 늘어남.
   　예) 호주의 ⓒ , 우리나라의 황소개구리(50년 전)
   ③ 생태계의 먹이 관계에 새롭게 포함되어 꼭 필요한 생물이 되기도 함.
   　예) 호주의 ⓓ , 우리나라의 황소개구리(현재)

3. 황소개구리와 우리나라 생태계
   ① 과거: 토종 개구리뿐만 아니라 개구리 천적까지 잡아먹어 우리나라 생태계에 골칫덩이가 됨.
   ② 현재: 왜가리, 뱀, 오리 등의 먹이로서 우리나라 생태계 먹이 관계의 일부가 됨.

ⓐ 외래종 ⓑ 천적 ⓒ 토끼 ⓓ 양음

# 과학퀴즈 달인을 찾아라!

● 정답은 115쪽에

01

친구들이 이번 시간에 배운 내용에 대해 이야기하고 있어. 옳으면 O, 옳지 않으면 X를 표시해 줘.

① 외래종은 원래 살던 곳을 벗어나 다른 곳에 살게 된 생물이야. (   )
② 외래종은 항상 나쁜 영향만 줘. (   )
③ 황소개구리는 외래종이지만, 지금은 우리나라 생태계의 일부가 됐어. (   )

02

아래 그림은 오늘날의 우리나라 생태계를 그린 거야. 그림에서 잘못된 곳을 찾아 O 표시해 줘.

| 용선생의 과학 카페 | 용선생의 한국사 카페 | 용선생의 세계사 카페 | |

https://cafe.naver.com/yongyong

용선생의 과학 카페

과학계의 핵인싸,
용선생의 과학 카페에
오신 걸 환영합니다.

Log in

MENU

물리면 아프다
화학이 화하하
생물 오징어
지구는 둥글다

우리나라 토종 생물이 외국에 가면?

다른 나라와 교류를 많이 하게 되면서 우리나라에 수많은 외래종이 들어왔어. 그중에서도 블루길, 큰입배스, 뉴트리아 등의 동물과 돼지풀, 가시박 같은 식물은 우리나라 생태계를 어지럽히는 외래종이야. 그런데 우리나라 토종 생물도 외국으로 가면 그곳의 생태계를 위협하는 외래종이 될 수 있다는 거 아니? 이제부터 다른 나라에서 골칫덩이 취급을 받는 우리나라 토종 생물을 소개해 줄게.

첫 번째는 다람쥐야. 다람쥐는 우리나라를 비롯해 중국, 러시아 등에서 흔히 볼 수 있는 동물로, 1980년대에 세계 각지로 수출되었어. 다람쥐가 애완용 동물로 인기를 끌었거든. 이 중 일부가 유럽의 야생으로 풀려나 그 수가 엄청나게 늘어났지. 문제는 우리나라 토종 다람쥐 몸에, 사람에게 질병을 일으키는 진드기가 많이 살고 있다는 거야. 이에 유럽에서는 우리나라 다람쥐가 자신들의 생태계에 위협을 줄 수 있는 외래종이라고 여기고 적극적으로 없애는 중이란다.

▲ 우리나라 토종 다람쥐

▲ 우리나라 토종 다람쥐 몸에 사는 진드기

그런가 하면 황소개구리의 고향 미국에서는 우리나라 토종 생물인 가물치 때문에 힘들어하고 있어. 가물치가 미국의 강과 호수에서 배스, 블루길 같은 미국의 토종 생물들을 엄청나게 먹어 치우고 있거든. 이에 미국 정부는 해마다 가물치 낚시 대회를 열고, 잡은 가물치는 바로 죽이는 등 여러 가지 방법을 동원해 가물치의 수를 줄이려 하고 있단다.

▲ **가물치를 잡으면 놓아주지 말라는 내용을 담은 미국의 안내문** 미국에서는 가물치를 뱀머리를 닮은 물고기라 하여 '스네이크 헤드'라 불러.

다른 나라에서 온 외래종 때문에 우리나라만 고통받는 게 아니라는 점! 꼭 기억하렴.

COMMENTS

- 우리나라만 피해를 본 게 아니구나.
  - 괜히 미안해지네.
  - 다람쥐와 가물치가 하루라도 빨리 그곳 생태계의 일부가 되길 빌어 주자.

가로세로 퀴즈

생태계에 관한 가로세로 퀴즈야. 빈칸을 채워 봐.
띄어쓰기는 무시해도 돼.

가로 열쇠

① 광합성 재료 세 가지 중 하나로 우리가 내뱉는 숨에도 포함된 기체
② 생물들이 음식을 먹고 몸 밖으로 내보낸 물질로, 분해자들이 영양분을 얻는 물질
③ 우리나라에서 거의 멸종된 곰들이 살고 있는 산
④ 옐로스톤 국립공원의 늑대처럼 우리나라 산의 생태계에서 핵심적인 역할을 할 것으로 기대되는 동물의 이름
⑤ 식물이나 동물을 먹어 영양분을 얻는 생물들
⑥ 다른 생물이 남긴 물질이나 죽은 생물을 분해하여 영양분을 얻는 생물들
⑦ 원래 살던 곳을 벗어나 다른 곳에 살게 된 생물

세로 열쇠

❶ 생물 사이에 먹고 먹히는 관계를 표현한 것으로 먹이 사슬 여러 개를 합친 것
❷ 우리나라 생태계를 어지럽혔던 외래종으로 미국에서 넘어온 개구리의 이름
❸ 생물의 호흡에 꼭 필요한 기체로 생산자의 광합성 결과로 나오는 기체
❹ 분해자를 대표하는 생물은 세균과 ○○○
❺ 스스로 영양분을 만들어 사는 생물들
❻ 옐로스톤의 늑대처럼 한 생태계 안에서 생물의 종류와 수를 조절하는 핵심적인 생물
❼ 생물이 주변 환경 및 다른 생물과 서로 영향을 주고받으며 살아가는 세계

●정답은 115쪽에

교과서 속으로

| 초등 5학년 1학기 과학 | 다양한 생물과 우리 생활 |

우리 주변에는 동물과 식물 외에 어떤 생물이 살까?

- **곰팡이와 버섯의 특징**
  - 곰팡이와 버섯 같은 생물을 균류라고 한다.
  - 균류는 주로 죽은 생물이나 다른 생물이 남긴 물질에서 영양분을 얻는다.
- **다양한 생물이 우리 생활에 끼치는 영향**
  - 균류와 세균은 죽은 생물을 분해하여 지구의 환경을 유지하는 데 도움을 준다.

 균류와 세균은 분해자로서 생태계에서 매우 중요한 일을 해!

| 초등 5학년 2학기 과학 | 생물과 환경 |

생태계는 어떻게 구성되어 있을까?

- **생태계**
  - 어떤 장소에서 서로 영향을 주고받는 생물 요소와 비생물 요소를 생태계라 한다.
  - 생태계를 구성하는 생물은 양분을 얻는 방법에 따라 생산자, 소비자, 분해자로 구분할 수 있다.
- **생태계를 구성하는 생물의 먹이 관계**
  - 생태계 내에서 생물은 한 가지 생물뿐만 아니라 여러 생물을 먹이로 하고, 또 여러 생물에게 잡아먹힌다. 여러 개의 먹이 사슬이 서로 얽혀 그물처럼 연결되어 있는 것을 먹이 그물이라고 한다.

 우리도 생태계의 구성원이라 생물들의 먹이 관계에 영향을 받아.

초등 6학년 1학기 과학 | 식물의 구조와 기능

식물의 잎은 어떤 일을 할까?

- **잎이 하는 일**
  - 식물은 빛을 이용해 스스로 필요한 영양분을 만든다.
  - 식물이 빛과 이산화 탄소, 물을 이용하여 스스로 영양분을 만드는 것을 광합성이라 한다.
  - 광합성은 주로 잎에서 일어난다.

 식물의 광합성이 소비자와 분해자에게 어떤 영향을 주는지 아는 것도 중요해!

중 1학년 과학 | 생물의 다양성

생물 다양성의 중요성

- **생물 다양성**
  - 어떤 지역에 살고 있는 생물의 다양한 정도를 생물 다양성이라 한다.
- **생물 다양성과 생태계의 관계**
  - 생물 다양성이 작은 생태계는 어떤 생물이 사라지면 그 생물과 먹고 먹히는 관계를 맺고 있는 생물이 직접 영향을 받기 때문에 쉽게 평형이 깨진다.
  - 생물 다양성이 큰 생태계는 먹이 관계에서 사라진 생물을 대신할 생물이 있기 때문에 안정을 유지한다.

 황소개구리가 우리나라 동물들의 먹이가 된 것도 생물 다양성에 기여한 거군.

찾아보기

1차 소비자 34-35, 42
2차 소비자 34-35, 42
3차 소비자 34-35, 42
갈색나무뱀 32, 36-37, 39-40
곰팡이 50-51, 53, 57, 65, 71
관벌레 19-20
광합성 13-17, 19, 22, 24-25, 29, 45, 53, 64, 67-68, 70
녹조류 24, 63-69
늑대 84-88, 90, 99-100
대장균 50
동물 플랑크톤 16-17
딩고 98-101, 106
매머드 55
먹이 관계 30, 33, 35, 38, 41-42, 100, 105-106
먹이 그물 38-42
먹이 사슬 34-39, 41-42, 71
무기 양분 51-53, 56-58
무스 84
박새 33
반달가슴곰 76, 88
배설물 44, 49-51, 53-55, 57-58, 66, 81, 88
분해자 49-54, 56-58, 63, 65-69, 71-72
비버 85
비생물 요소 68-72
산소 14-15, 17, 20, 22, 67-72
살모넬라균 50

생물 요소 68-72
생산자 15-22, 24-25, 28-31, 34, 51-53, 56-58, 63, 66-67, 70-72
생태 어항 63, 66-67, 69-70
생태계 20, 30, 33, 35, 38, 41-42, 63, 67, 69, 70-72, 82-83, 85-88, 90, 94, 98-106, 108-109
생태계 평형 70, 72, 83-84, 86, 70, 73
세균 19-22, 50-51, 58, 65, 71
소비자 29-31, 34-35, 41-42, 44-45, 53, 63, 66-67, 70-72
습도 14-15, 54
습성 80, 85, 96
식물 플랑크톤 16-17, 20, 22
심해 18-21
이산화 탄소 13-15, 31, 45, 67-72
엽록체 13-14, 24, 64
영양분 13-17, 19-22, 24-25, 28-29, 31, 34, 41-42, 44-45, 49-55, 64, 66-67, 69-71, 77-78
와피티 사슴 84
외래종 95, 98, 100-101, 105-108
천적 84, 87, 96, 99, 102-104, 106
토끼 96-100, 105, 106
토종 생물 95, 108-109
포식자의 공포 효과 82
핵심종 86-88, 90, 100-101
헬리코박터 파일로리 50
황산화 세균 19-22

황소개구리 94-95, 98, 101-106, 109
황화 수소 18-19, 21-22

퀴즈 정답

1교시

01 ① X ② O ③ O

02

2교시

01 ① O ② X ③ X

02

3교시

01 ① X ② O ③ X

02 빨간문

4교시

01 ① X ② O ③ X

02

생	물	종	아
갈	태	아	주
대	돌	계	장
비	생	물	소

5교시

01 ① O   ② X   ③ X

02

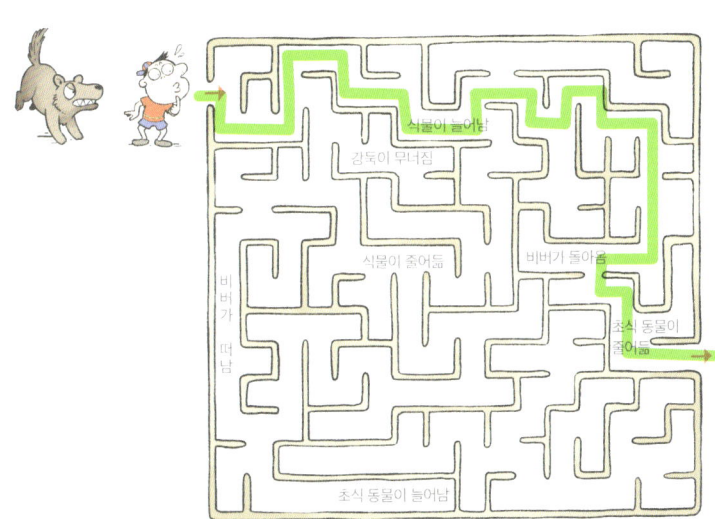

6교시

01 ① O   ② X   ③ O

02

가로세로 퀴즈

		❶먹			❷황			
		①이	산	화	탄	소		
		그			개			
②배	설	물			구			
				③지	리	❸산		
④반	달	가	슴	❹곰		⑤소	비	자
				팡				
		❺생		이		❻핵		❼생
		산				심		태
⑥분	해	자		⑦외	래	종		계

일러두기
- 맞춤법과 띄어쓰기는 국립국어원에서 펴낸 《표준국어대사전》을 따랐습니다.
- 과학 용어 표기는 《2015 개정 교육과정에 따른 교과용도서 개발을 위한 편수자료Ⅲ 기초과학, 정보 편》을 따랐습니다.
- 이 책에 실린 사진은 저작권자로부터 사용 허가를 받았습니다. 저작권자와 접촉하기 위해 최선을 다했으나 불가피한 사정으로 사용 허가를 받지 못한 일부 사진에 대해서는 저작권자와 연락이 닿는 대로 게재 허락을 받고 사용료를 지불하겠습니다.
- 이 책에 실린 그림의 저작권은 별도의 표기가 없는 한 사회평론에 있습니다.

사진 제공
18쪽: NOAA(퍼블릭도메인) | 19쪽: 안정오 | 32쪽: National Geographic Image Collection(Alamy Stock Photo) | 50쪽: Yutaka Tsutsumi(Copyrighted free use) | 55쪽: ITAR-TASS News Agency(Alamy Stock Photo) | 63쪽: Ecosphere Associates Inc.(퍼블릭도메인) | 103쪽: imageBROKER(Alamy Stock Photo), SvetlanaFoote(123RF.com), Mircea Costina(Alamy Stock Photo) | 109쪽: Richard Levine(Alamy Stock Photo) | 그 외: 셔터스톡

용선생의 시끌벅적 과학교실 | 생태계

1판 1쇄 발행	2019년 12월 20일
1판 9쇄 발행	2025년 2월 3일
글	이현진, 김형진, 이명화, 설정민
그림	조현상(매드푸딩스튜디오), 뭉선생, 윤효식
감수	박재근
캐릭터	이우일
어린이사업본부	이승필
책임편집	이건혁
편집	정세민, 이명화, 홍지예, 김미화, 최예리, 윤성진
마케팅	윤영채, 정하연, 안은지, 박찬수
경영지원본부	나연희, 주광근, 오민정, 정민희, 김수아, 김승현
아트디렉터	강찬규
디자인	디자인서가
사진	북앤포토
펴낸이	윤철호
펴낸곳	(주)사회평론
전화	02-326-1182
팩스	02-326-1626
주소	03993 서울시 마포구 월드컵북로6길 56 사평빌딩
출판등록	1993년 10월 6일 제 10-876호

© 사회평론, 2019

ISBN 979-11-6273-066-9 73400

- 이 책 내용의 일부나 전부를 다시 사용하려면 저작권자와 사회평론의 동의를 받아야 합니다.
- 잘못 만들어진 책은 바꾸어 드립니다.

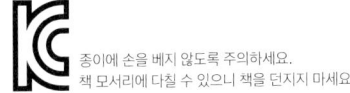
종이에 손을 베지 않도록 주의하세요.
책 모서리에 다칠 수 있으니 책을 던지지 마세요.